アンケート調査の計画と解析

内田 治 著

日科技連

まえがき

　アンケート調査は分野を問わずさまざまな場面で実施され，その結果も新聞や雑誌，ネットなどでも公表されることが多く，人々の興味を引く，非常に身近な調査方法といえる．企業では経営方針を立てる，あるいは，売上げを伸ばすために施策を立案する必要がある．そのためには事実にもとづくデータが必要になる．アンケート調査はデータを手軽に集める方法といえよう．また，データが必要になるのは，企業だけでなく，教育研究機関においても，研究上の仮説を検証するために必要となる．したがって，アンケート調査という調査方法はあらゆる分野で活用されていると考えてよいであろう．

　一方，手軽に誰にでもできる調査方法であるがゆえに，質問文などを十分に検討しないまま実施しているケースがあり，結果的に良質かつ目的に合ったデータを集められないという事態を招くことが少なからずある．また，収集したデータをさまざまな角度から統計的に解析するということをせずに，単純な集計表とグラフで済ませてしまい，多くの知見が得られる機会を見逃しているというケースも見受けられる．

　本書はアンケート調査を実施する上で必要となる基礎知識とデータの解析方法を学ぶための書籍で，アンケート調査の実務に携わる方々を対象にしている．

　本書の構成は以下のとおりである．

　第1章ではアンケート調査の概要を述べている．

　第2章ではアンケート調査の方法を紹介している．

　第3章ではアンケート調査で最も重要な役割を果たす質問文について，作成時に留意すべきことを述べている．さらに，質問に対する回答形式を紹介している．

　第4章ではアンケート調査で得たデータを解析するときに必要となる統計学

の基礎知識について解説している.

　第5章から第9章までは回答形式別にデータの集計方法と統計的方法による解析方法を解説している.

　第10章は2つの異なる質問同士の関係を把握する方法について解説している.仮説として考えている因果関係や相関関係をデータで検証したいという要望がアンケート調査では多く見られ,そのときに役立つ手法を取り上げている.

　第11章は多くの質問を同時に解析するのに役立つ多変量解析と呼ばれる手法を紹介している.

　第12章は商品の感想などを文章で回答してもらったときの処理方法を紹介している.

　本書では解析に必要となる数学的な計算方法や統計ソフトの使い方については触れていない.そのことについては別の専門書籍で習得していただきたい.

　本書がアンケート調査を実施する読者の一助となれば幸いである.

　本書の出版にあたり,㈱日科技連出版社の鈴木兄宏氏には大変お世話になった.ここに記して感謝の意を表する次第である.

2022年1月

内　田　　治

アンケート調査の計画と解析

目　次

第1章

アンケート調査の概要

　この章では，アンケート調査の進め方や各ステップのポイントについて説明する．さらに，アンケート調査の種類について解説する．

1.1　アンケート調査とデータの収集

■ アンケート調査によるデータの収集

データの収集方法には次のような3つの方法が考えられる.

① 実験によるデータの収集

② 観察によるデータの収集

③ 調査によるデータの収集

実験によるデータの収集とは,文字通り実験を実施してデータを得る方法で,ある結果の原因を特定する,どの薬剤が有効かを決定する,という場面で適用される.原因を意図的に変化させて,結果がどのように変わるかを見る方法で,実験に携わる人の監視下でデータを収集するので,データの品質という意味では最も良いデータが得られる.

観察によるデータの収集とは,意図的な操作をせずに,ありのままの状態を記録していく方法である.例えば,どのような食事をせよという指示を与えずに,1カ月の食事を記録してもらい,その記録をデータとして分析するというような方式である.また,ある疾患にかかった人に対して,何の治療もせずに痛みなどの経過を診るというような状況や,製造現場において操業状態を記録するというような状況も観察によるデータの収集に含めてよいであろう.

調査によるデータの収集とは,質問紙やインタビューなどで質問に答えてもらう形式でデータを収集する方法で,質問紙を使った調査の方法をアンケート調査と呼んでいる.

ただし,最近では紙媒体での調査とは限らず,電子メールやWebなども使われることが多く,質問「紙」でなくても,「聞いて答えてもらう」という形式はアンケート調査と呼んでいる.

アンケートはフランス語 "enquête" からの外来語で,調査あるいは質問を意味している.英語では survey(サーベイ)または questionnaire(クェスチョネア)という.

■ アンケート調査の活用

アンケート調査は主として次のような調査の中で使われている.

① 世論調査

② 社会調査

③ 市場調査

④ 国勢調査

⑤ 消費者調査

調査には上記以外の調査も多数あり, その中でもアンケート調査が実施されている. 特に, 学校で行われる授業の理解度に関する調査や, 実験を行うことができない分野での研究仮説の探索や検証にも頻繁にアンケート調査は使われている.

■ アンケート調査の進め方

アンケート調査の進め方を品質管理の分野で使われる PDCA のサイクルに当てはめて説明しよう.

アンケート調査は大きく分けると次の4つのステップで進めることになる.

① 計画(Plan)

② 実施(Do)

③ 確認(Check)

④ 処置(Act)

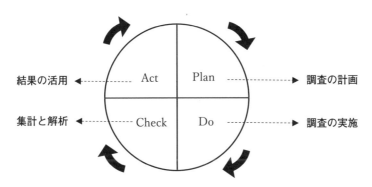

■ 計画（Plan）

　最初にアンケート調査の計画を立てることから始める．この段階では次の内容を明確にする．

① 調査の目的
② 調査の対象となる集団
③ 調査する人数
④ 調査方法の選定
⑤ 調査の開始から終了までのスケジュール
⑥ 調査に必要となる費用

■ 実施（Do）

　アンケート調査を実施する段階は次の4つに分けることができる．

① 先行研究
② 質問文と回答文の作成
③ 予備調査の実施
④ 本調査の実施

　実施しようとしているアンケート調査と同じ目的の調査が過去に行われたかどうか，行われているならば，どのような質問をして，どのような結論を出したのかを調べることを先行研究と呼んでいる．

　質問文と回答文を作成することは，いわゆるアンケート用紙を作成することである．Web調査のときには，質問文と回答欄をどのように配置するかという画面の設計が必要になる．

　予備調査とは作成したアンケート用紙を使って，実際に練習のつもりで調査を行うことである．予備調査は質問文や回答文の選択肢の悪さをあぶり出すために行うためのものであり，集計や解析に重点を置くことはない．多くの人が回答しないとか，質問の意味を誤解しているとか，そのような不備を発見するためのものである．なお，調査の対象者を絞り込むために行う目的で予備調査を行うこともあり，その場合は事前調査と呼んで区別することもある．

■ 確認(Check)

調査を実施したならば,調査の結果,すなわち,回答結果を確認することになるが,ここでいう確認とは集計と解析のことである.

アンケート調査の集計は単純集計とクロス集計に分けることができる.単純集計とは質問ごとに回答結果を集計することで,クロス集計とは2つの質問を組み合わせて集計することである.集計結果はグラフ化することが望ましい.

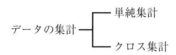

集計作業が終わったならば,必要に応じて統計的方法によりデータを解析することになる.アンケート調査の解析に有効な統計的方法を以下に名称だけ列挙しておこう.

①　平均値に関する検定(t 検定,分散分析)

②　割合に関する検定(二項検定,適合度検定)

③　分割表に関する検定(χ^2 検定)

④　ノンパラメトリック検定

⑤　相関分析

⑥　回帰分析

⑦　ロジスティック回帰分析

⑧　判別分析

⑨　決定木分析

⑩　主成分分析

⑪　因子分析

⑫　クラスター分析

⑬　対応分析(コレスポンデンス分析)

⑭　多次元尺度構成法

⑮　パス解析,共分散構造分析

　①から④は検定と呼ばれる手法で，正式には仮説検定あるいは有意性検定と呼ばれている．層別などしてクループに分け，グループの平均値や割合に差があるかどうかを調べるときに使う手法である．

　下図は小遣いを調査して，その結果をグラフに表したものである．男と女で平均値に差があるかどうかを調べるのが平均値の差の検定である．

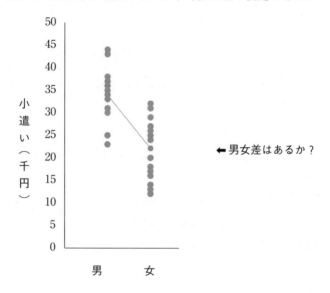

なお，検定は区間推定と呼ばれる手法と併用することが多い．

　さて，統計的方法はデータに正規性の仮定(データは正規分布に従っているという仮定)を置いて使われるものが多いが，特定の分布を仮定せずに適用できるのが④のノンパラメトリック検定と呼ばれるものである．適用範囲が広く，アンケート調査の分析においても有用である．

　⑤の相関分析は数量データ同士の関係を見るための手法であり，因果関係の解析には不可欠な手法である．

　⑥から⑮の手法は多変量解析と呼ばれる手法で，多数の質問項目の回答データをまとめて解析するときに役立つものである．多変量解析手法の中でも特に⑬の対応分析はアンケート調査のデータ解析に役立つ手法である．

⑦のロジスティック回帰分析，⑨の決定木分析，⑩の主成分分析，⑫のクラスター分析は機械学習と呼ばれる手法としても登場する．

⑮のパス解析や共分散構造分析は因果関係の分析に使われる手法である．

①から⑮のほかに，数量化理論と呼ばれる手法もアンケート調査で得たデータの解析に有用である．数量化理論には数量化Ⅰ類，Ⅱ類，Ⅲ類，Ⅳ類があり，Ⅰ類は回帰分析と同等の手法であり，Ⅱ類は判別分析と同等の手法である．Ⅲ類は対応分析と同等の手法である．Ⅳ類と同等の手法はないが，多次元尺度構成法は同じ目的で使用される．

■ 処置(Act)

アンケート調査の結果を活用して，何らかの施策を実行するのが処置というステップになる．

マスコミや調査会社が行うものの中には話題づくりを目的としたものも存在するが，一般的には将来の行動を決める指針を得るために調査が行われるので，調査の結果を活用しなければ，調査そのものが無意味になる．結論が得られたならば，その結果を活かすために何をするのかと自問自答することが大切である．

なお，研究者の場合は調査の結果を論文にするというのも処置と考えてよいだろう．

1.2　アンケート調査の種類

■ 定量調査と定性調査

調査は定量調査と定性調査に分けられる．定量調査は量的調査とも呼ばれ，英語では quantitative research と表される．定性調査のほうは質的調査とも呼ばれ，英語では qualitative research と表される．

定量調査とは，調査対象者の習慣や行動，あるいは，商品などの評価を数量や5段階評価などを使ってデータを収集し，数値的に解析することで，実態の把握や仮説の検証を行うものである．アンケート調査の多くは定量調査に属すると考えてよい．

定性調査とは，文章の記述やインタビュー，あるいは，グループディスカッションなどによって調査対象者の意見や感想を生の声としてデータを収集するものである．行動を観察して記録するという方法もある．数値では測れない感想や意識を顕在化させるために使うものである．

定量調査が仮説の検証に使われるのに対して，定性調査は仮説の発見や探索に使われると位置づけることができる．

定量調査の結果は単純な集計やグラフ化，あるいは，統計的方法により数値的に解析することになる．一方，定性調査の結果は数値で表現できないので，さまざまな解析方法が提案されているが，その中でもテキストマイニングと呼ばれる文章を解析する方法が有効である．テキストマイニングには統計的方法を使った解析も含まれている．

　　定量調査 → 集計・グラフ・統計解析
　　定性調査 → テキストマイニング

■ 横断調査と縦断調査

横断調査とは，ある一時点において興味のある事象とその原因候補を同時に調べることである．ただし，どちらが原因でどちらが結果なのかがわからないことがある．たとえば，夜食を摂る習慣があるかどうかと，肥満と指摘されたことがあるかどうかを調べたとして，夜食を摂る習慣がある人ほどやせ型だったとしたときに，夜食を摂るとやせるのか，やせていて体型や健康を気にしなくてよいから夜食を摂るのかはわからないということである．したがって，横断調査では2つの結果の間に関連があるかどうかはわかるが，因果関係があるかどうかまでは確定できないということに注意する必要がある．

縦断調査とは，同一の対象者を一定期間追跡し，複数の時点で興味のある事象を調査して，時間の経過に伴って，どのように変化するかを検討することを目的としている．同一の対象者を追跡する難しさと，同一の回答者が常に回答してくれるとは限らないという難しさに遭遇することが多い調査である．同じ調査を時点を変えて異なる対象者に行うのは縦断調査とはいわない．

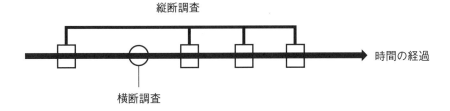

学校などの学年別調査（どの学年にも同じ質問をする）は横断調査と縦断調査の双方の性質をもっているといえよう．たとえば，次のような場合である．

2020 年	2021 年	2022 年
1 年生	1 年生	1 年生
2 年生	2 年生	2 年生
3 年生	3 年生	3 年生

■ 前向き調査と後向き調査

　時間を将来に向かって見ていく調査を前向き調査，時間を遡って見ていく調査を後向き調査と呼んでいる．いま，ある中学校の授業方法としてA法とB法の2つの方法が提案されたとしよう．どちらの方法が生徒の満足度が高くなるかを調べることを考えよう．可能かどうかは別の議論として，生徒を無作為に2つのグループに分けて，一方にA法，他方にB法の授業を施して，満足度を聞くという調査の仕方が考えられる．この調査方法は前向き調査である．この方法に対して，現時点で数学の成績の良い生徒と悪い生徒に，A法とB法のどちらの授業を過去に受けていたのかを調べるのが後向き調査である．

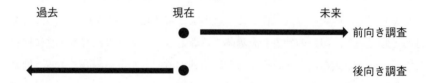

第2章

アンケート調査の計画

　この章では，アンケート調査の具体的な方法を紹介する．また，
何人調べればよいのか，すなわち，調査人数の決め方を紹介する．

2.1 調査目的の設定

■ 実態の把握

アンケート調査における質問文を作成するには，その前に調査の目的を明確にする必要がある．調査の目的は大きく次の2つに分けられる．

① 実態の把握

② 仮説の検証

実態の把握を目的とする調査とは，たとえば，大学生の月々の生活費はいくらぐらいだろうか，ある政策に対する賛否はどちらが多いだろうかというようなことを明らかにすることを目的とするものである．また，商品に関する満足度を把握したいというのも実態の把握が目的ということになる．

実態の把握を目的とする調査では，どのようなことを把握したいのかを明確にして，そこから質問項目に落とし込むことになる．この調査ではついでにいろいろ聞いておこうという気持ちが出てしまい，質問が多くなりがちだったり，いろいろと聞いたものの，結果がまとまらないということがしばしば起きる．マスコミなどが行う実態の調査には，話題づくりのための調査が存在するが，通常は，実態を把握したいという欲求は，その先に何らかの施策を考えたいからである．どのようなことを把握したいのかを明確にしたならば，それを知って何をするのか，どういう施策を打つのかを考えるとよい．

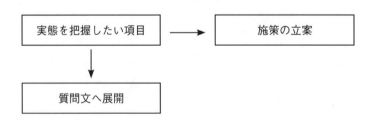

■ 仮説の検証

　自分が興味をもっている仮説を検証するために行う調査は，実態の把握を目的とした調査と異なり，最初に検証したい仮説を設定する必要がある．次にその仮説を検証するためには，どのようなことを調査しなければならないかという調査項目を決めて，その調査項目を質問文に展開することになる．

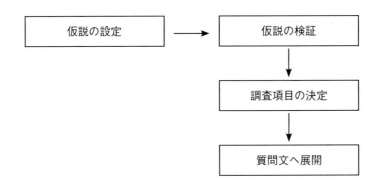

　仮説の設定にはグループインタビューがよく用いられる．また，グループインタビューの結果を整理するのには図解手法が有効である．なお，実態の把握の結果から仮説を設定することもある．たとえば，ある施策に賛成か反対かのどちらが多いかを把握するのが実態の把握だとすると，どういう人たちが賛成を表明するのか，逆に，どういう人たちが反対を表明するのか，仮説を立てて検証するのである．

　　　　賛成派と反対派のどちらが多いか？　　　　←実態の把握
　　　　東京に住んでいる人は賛成派が多いはずだ　←仮説の検証

　仮説の検証を目的とした調査で圧倒的に多いのは因果関係の解明であろう．興味がある結果があり，その原因を解明するために，原因候補を仮説に立てて，調査する方法である．このためには，検証したい因果関係をパス図などの図解で明確にしておくとよいだろう．

　ところで，因果関係の解明，特に，原因の特定というのはアンケート調査だけでは困難である．原因らしいものの特定はできても，原因であると断定するには，実験が必要になる．しかしながら，分野によっては実験が不可能なことも多いであろう．そのようなときでも，できるだけ実験的要素を入れた調査を実施することを考えたほうがよい．ある結果の原因として，事象 A の存在が考えられるならば，A を有する人と，有しない人の比較ができるような設計になっていなければ，原因を特定することはできない．

2.2 調査方法の選定

■ 調査の方法

アンケート調査を実施するには，どのような調査方法でデータを集めるのかを決める必要がある．ここでは代表的な調査の方法を紹介する．

① 面接調査法

調査員が回答者と面接しがなら，質問に回答してもらう方法で，必ずしも調査員が質問を読み上げる必要はなく，アンケート用紙を渡して，回答の仕方がわからないと聞かれたときだけ，説明をするという進め方でもよい．調査員の目の前で回答してもらうので，信頼できるデータを集めやすいという利点がある．一方で，全員を回収し終わるまでに時間を要すること，コストがかかることが欠点である．

② 郵送調査法

アンケート用紙を郵送して，回答結果を返送してもらうという方法で，ハガキを使うこともある．また，商品に関する内容の調査の場合には，アンケート用紙やハガキを商品に同封しておくという方法もある．人手とコストは多くかからないが，回収率(返送してくれる人の割合)が低いという欠点がある．

③ 留置調査法

留置は「とめおき」と読み，調査員が回答者の住んでいる家を訪問して，アンケート用紙を置いてきて，一定期間後に回収に行くという方法である．面接法も人の家を訪ねることでは同じだが，調査員の前では回答したくないような質問には面接法よりも答えやすくなる．

④ 街頭調査法

外出中の人に街頭でアンケート用紙を提示して，回答してもらう方法で，回

答結果が素早く得られるという利点がある．ただし，この方法は回答者を調査の対象となる集団から無作為に選んでいるか，回答者に代表性があるかという観点から問題があり，仮説の検証には不向きで，仮説の発見に適している．

⑤ 店頭調査法

　特定の店に来る顧客に対して行う方法で，その店に対する満足度や，要求，不満を調査することを目的としている．時間帯によって，顧客の層が偏ることが想定されるため，開店から閉店までのどの時間帯に実施するか(無作為に実施する，どの時間帯も実施する，顧客層が偏るのを承知の上で特定の時間帯に実施するなど)検討する必要がある．また，調査する曜日にも配慮する必要がある．これは先の街頭調査法についても同じ配慮が必要である．ホテルの客室やレストランなどの机の上にアンケート用紙をあらかじめ設置しておいて，任意に回答してもらう方法もこの部類に入れてもよいだろう．

⑥ 集合調査法

　所定の場所に調査対象者を集めて，アンケート用紙に回答してもらうという方法で，会場調査とも呼ばれている．学校内や会社内の調査に多く用いられる．また，企業がモニターを募集して，特定の商品に関する使用感などを聞く調査にも集合調査法が用いられる．回収率は高く，コストもそれほどかからずに済むという利点がある．一方，回答者が他の回答者の声(意見)に左右される可能性があり，回答者が他の回答者や場所の影響を受けないように調査員は配慮しなければならない．

⑦ 電話調査法

　調査対象者に電話をかけ，質問に対する回答を収集する方法で，名簿方式とRDD方式がある．名簿方式の調査は何らかの名簿に記載された電話番号や，電話帳に掲載されている電話番号の中から，調査の対象となる人に電話をかける方法である．RDDとは Random Digit Dialing(ランダム・デジット・ダイヤ

リング）の略で，乱数を組み合わせることで電話番号を作成し，その番号に電話して調査する方法である．この方法は名簿や電話帳に電話番号が掲載されていない人に対しても調査を実施することができる．電話調査は速く回答を集められるので，短期間で調査を完了させることができるのが利点である．

　一方，電話によるインタビュー形式でのやり取りになるため，短時間で実施する必要があり，質問数が限られることが欠点である．また，回答者にはアンケート用紙が目の前にないので，聞くだけでわかるような簡潔な質問をしなければならない．また，電話をかける時間帯や曜日などにも配慮する必要がある．

⑧　メール調査法

　郵送調査法における郵便の代わりに電子メールを使う方法である．回答者が発信者に対する見覚えがない場合には回答を得ることは難しく，得られたとしても回答の信頼が置けない場合がある．メールアドレスを登録済みの人に限られると考えたほうがよいであろう．一方，この方法は社内調査では多く用いられている．ただし，社内調査の場合，誰が回答結果を読むのか想像がつくため，回答者が本音を答えてくれる可能性は低くなると考えたほうがよいだろう．

⑨　ウェブ調査法

　インターネットを活用する方法で，ネット調査とも呼ばれている．調査対象者はウェブ上にあるアンケート用につくられたサイトにアクセスして回答する．調査対象者を調査会社の保有するモニターに限定するモニター調査と，モニター以外の人も対象とするオープン調査がある．ウェブ調査の利点は短時間で多くのデータを収集できることである．

　ウェブ調査の回答者はインターネット利用者に限定されるということに注意する必要がある．回答者に偏りが生じる可能性があるということである．高齢者はインターネットを利用する割合が低いため，集計や解析を行うときには，年齢別に行うなどの処理が必要になる場合がある．ウェブへのアクセスはパソ

コンだけでなく，スマートフォンでもアクセスできる場合があり，どちらから
でも回答できるときには，パソコンから回答した人と，スマートフォンから回
答した人で結果に差があるかどうかなどの確認をする必要がある．

　パソコンやスマートフォンが普及している時代とはいえ，ウェブ調査と郵送
調査などを組み合わせて実施することも有効な方法である．

　メール調査法やウェブ調査法は紙媒体を使わないことから，データを集計ソ
フトに入力する手間が省けることと，質問順序や選択肢の順序を並び替えて提
示することが容易にできるという利点がある．

　たとえば，次のような例を考えてみよう．好きな色を聞く質問である．

あなたの好きな色は何色ですか？

　　　　□ 赤　　　□ 白　　　□ 黒　　　□ 青　　　□ 緑　　　□ その他

選択肢となる色の並べ方は上記以外にも下記のようにいろいろと考えられる．

□ 白	□ 黒	□ 青	□ 緑	□ 赤	□ その他
□ 黒	□ 青	□ 緑	□ 赤	□ 白	□ その他
□ 青	□ 緑	□ 赤	□ 白	□ 黒	□ その他
□ 緑	□ 赤	□ 白	□ 黒	□ 青	□ その他
□ 赤	□ 黒	□ 青	□ 緑	□ 白	□ その他
□ 白	□ 黒	□ 青	□ 緑	□ 赤	□ その他
□ 黒	□ 青	□ 緑	□ 赤	□ 白	□ その他
□ 青	□ 緑	□ 赤	□ 白	□ 黒	□ その他
□ 緑	□ 赤	□ 白	□ 黒	□ 青	□ その他

　　　　　⋮　　　　⋮　　　　⋮　　　　⋮　　　　⋮　　　　⋮

　並べ方を変えたパターンを紙ベースで用意するのは極めて面倒だが，電子メ
ールやウェブなどの電子調査では，提示するたびにランダムに配置するという
ようなことが容易に可能となる．

2.3 調査対象の決定

■ 調査の対象となる集団

調査の対象となる集団を母集団と呼ぶ．調査の結果を適用できる集団と言い換えることもできる．母集団を構成する要素は人の場合もあれば，物の場合もある．また，データの場合もある．アンケート調査では母集団は調査の対象となる人の集まりと考えるのがわかりやすいであろう．

通常，母集団を構成する人をすべて調査するのは不可能であり，母集団の一部の人を調査して，その結果を母集団全体に適用することを考える．この母集団の一部の人たちを標本(サンプル)と呼んでいる．母集団を構成する人の数を「母集団の大きさ」と呼び，標本を構成する人の数を「標本の大きさ」あるいは「サンプルサイズ」と呼んでいる．母集団の大きさは N，サンプルサイズは n という記号を用いる．たとえば，$N = 3000$ の母集団から $n = 20$ の標本を抜き取って調べたという言い方をする．

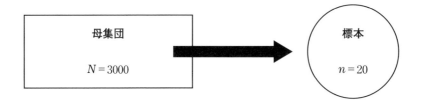

N の値が有限で明快な場合の母集団を有限母集団，N の値は非常に大きいが不明であるという母集団を無限母集団という．有限母集団であろうと無限母集団であろうと，母集団から抜き取られた標本のデータを分析して，その結果を母集団に適用するためには，標本が母集団から無作為に抽出されている必要がある．

母集団と標本という概念は統計解析においても重要な考え方で，推測統計学と呼ばれる学問の出発点でもある．このため，母集団と標本については再度，第4章でも解説する．

2.4　サンプルサイズの決定

■ 有限母集団のときのサンプルサイズ

サンプルサイズ n の値を統計的に決める方法には次の2つの方法がある.

① 要求する推定精度から算出する.

② 要求する検定の検出力から算出する.

ここでは①の推定精度から算出する方法を紹介しよう. この方法は母集団の平均に興味がある場合と, たとえば, 内閣支持率のように母集団の割合に興味がある場合とでサンプルサイズを算出する方法が異なる.

【母集団の平均に興味がある場合】

母集団の大きさを N

母集団のデータのばらつきの大きさ(標準偏差)を σ

推定精度(許容できる推定誤差)を b

推定結果の信頼率から決まる定数を k

とすると, n の値は次のように求められる.

$$n \geqq \frac{N}{\left(\dfrac{b}{k}\right)^2 \times \dfrac{N-1}{\sigma^2} + 1}$$

推定結果の信頼率は 95% とするのが慣例であり, そのとき k の値は 1.96 となる. 四捨五入して 2 としてもよい.

σ の値は多くの場合不明である. したがって, 先行研究の結果や, 予備調査のデータから標準偏差を計算して, その値を σ の代用とする.

【母集団の割合に興味がある場合】

想定される母集団の割合を P とすると, n の値は次のように求められる.

$$n \geqq \frac{N}{\left(\dfrac{b}{k}\right)^2 \times \dfrac{N-1}{P(1-P)} + 1}$$

　ここで，P の値は不明な場合が多いので，n の値が最も大きくなる 0.5 を P の値として使うのがよい.

■ 例

　社員数 2,000 人の会社がある.　現状の昇格制度に賛成か反対かを問うアンケート調査を行いたい.　全員の信頼率を誤差 4% で推定したい.　推定の信頼率を 95% とすると何人に聞けばよいか.

↓

$N = 2000$，$b = 0.04$，信頼率 $= 0.95$（$k = 1.96$），$P = 0.5$

$$n \geqq \frac{2000}{\left(\dfrac{0.04}{1.96}\right)^2 \times \dfrac{2000-1}{0.5(1-0.5)} + 1}$$

$$n \geqq 461.8 \quad \rightarrow \quad 462$$

したがって，462 人を必要とすると考えればよい.

　ここで，$N = 10000$ とすると，$n \geqq 566.3$ で 567 人となる.

　母集団の大きさが 5 倍になったからといって，n の値も 5 倍になるわけではないことに注意されたい.

■ 無限母集団のときのサンプルサイズ

　無限母集団を想定するときのサンプルサイズの算出方法は次のようになる.

【母集団の平均に興味がある場合】

$$n \geqq \left(\frac{k}{b}\right)^2 \times \sigma^2$$

【母集団の割合に興味がある場合】

$$n \geq \left(\frac{k}{b}\right)^2 \times P(1-P)$$

■ 質問ごとのサンプルサイズ

アンケート調査では質問の数が1つだけということは，ほとんどないであろう．2つ以上の質問をすることが多いはずである．そうすると，サンプルサイズは質問ごとに計算できることになる．たとえば，問1では年齢を聞く，問2では年収を聞く，問3ではある政策に対する賛否を聞くとしよう．この場合，年齢は ±5歳の誤差としたい，年収は ±100万円の誤差としたい，賛否の割合は ±3% としたいというように，要求する推定精度が異なるので，必要となるサンプルサイズも質問ごとに異なるのである．このような場合，次の2つの対処方法が考えられる．

　①　すべての質問についてサンプルサイズを計算して，最大の値を使う．

　②　最も興味ある質問を1つに絞って，そのサンプルサイズを使う．

質問数が10問未満ならば①の方法でよいだろうが，多くなったときには，②の方法が現実的であろう．

第3章
質問文と回答形式

　この章ではアンケート用紙の質問文と回答形式について解説している．質問文はアンケート調査の信憑性に大きな影響を与える．どのようなことに留意して質問文をつくればよいかを説明している．また，回答形式についてはアンケート調査で使われる代表的なものを取り上げて紹介している．

3.1　質問文の作成と留意点

■ 質問文の作成

　質問文はアンケート調査で明らかにしたい項目（調査項目）を展開して作成することになる．調査項目が年齢であれば，「あなたの年齢をお答えください」という質問文になるであろう．さて，調査項目と質問文が1対1で対応するとは限らない．調査項目が大学生の生活習慣や学業に関することのときには，いくつかの質問文をつくらなければならなくなる．そのようなときには，次のような系統図で整理してから，具体的な質問文を作成すると効率がよい．

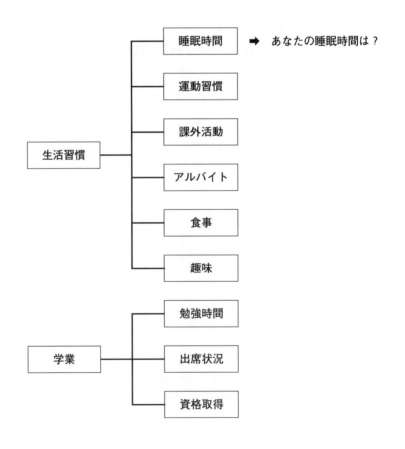

■ 質問文の留意点

質問文を作成するときの留意点を列挙する.

① 1つの質問文で同時に2つ以上のことを聞いていないか.

② 選択肢を平等に扱っているか.

③ 紛らわしい否定文が入っていないか.

④ 誘導していないか.

⑤ 難解な表現を使っていないか.

⑥ 特定の価値観を含んだ表現を使っていないか.

⑦ 一般論なのか具体的な行動を聞いているのか.

⑧ 質問文の順番に問題はないか.

質問文を作成したならば,上記のチェックポイントを確認するとよいだろう.

■ ダブルバーレル質問

「あなたは店内の清掃状態や商品の見やすさに満足していますか?」という質問があるとしよう.この質問は「店内の清掃状態」と「商品の見やすさ」の2つのことを聞いている.この例のように1つの質問文で同時に2つ以上のこと聞いている質問をダブルバーレル質問と呼ぶ.この場合,回答者は清掃状態と商品の見やすさのどちらに重点を置けばよいのか迷ってしまう.また,仮に不満と答えた人が多かった場合,店内の清掃状態を改善すればよいのか,商品の見やすさを改善すればよいのか,あるいは,両方を改善すればよいのかわからない状態になる.したがって,このような例のときには,質問文を2つに分ける必要がある.

あなたは店内の清掃状態や商品の見やすさに満足していますか?

➡あなたは店内の清掃状態に満足していますか?

➡あなたは商品の見やすさに満足していますか?

質問文の中にAやB,AまたはB,AとBというように「や」,「または」,「と」を用いるとダブルバーレル質問になりやすいので,気をつけて使わなけ

ればならない.

　なお，回答文を工夫することで避けることができる場合もある．上記の例で
いえば，次のような選択肢を用意するのである．

　　①　清掃状態と商品の見やすさの両方に満足

　　②　清掃状態は満足，商品の見やすさは不満

　　③　清掃状態は不満，商品の見やすさは満足

　　④　清掃状態と商品の見やすさの両方に不満

　ただし，回答のしやすさと回答結果の集計のしやすさという観点からは，や
はり最初から質問を2つに分けておくほうがよいだろう．

■ 選択肢の平等性

　「あなたは職場の禁煙活動に賛成ですか？」という質問を想定しよう．答え
は賛成か反対かのどちらかであるのに，一方の賛成だけを取り上げており，平
等に扱っておらず，賛成側に誘導しているともいえる．この例の場合には，次
のように修正すべきである．

　　あなたは職場の禁煙活動に賛成ですか？

⬇

　　あなたは職場の禁煙活動に賛成ですか？　反対ですか？

賛成　　　　　反対

あるいは，下記のようにしてもよいだろう．

　　あなたは職場の禁煙活動について次のどちらの意見ですか？

賛成　　　　　反対

二択質問のときに，どちらか一方だけを取り上げて質問するのは，平等性や
誘導という観点から避けたほうがよい．

　賛成か反対かの他に「○○を好きですか？」というのもよく見られる．これ
も「○○を好きですか嫌いですか？」と質問するほうがよい．ただし，複数の
選択肢を用意しておいて，「好きなものをいくつでも選んでください」などと
いうのはかまわないであろう．

■ 否定文の紛らわしさ

「あなたは健康診断が寿命を延ばすことに役立たないと思いますか？」という質問を想定しよう．選択肢は思うか思わないかである．このとき，役立つと考えている人は「思わない」を選択することになるが，紛らわしいので誤った回答をしやすくなる．素直に「役立つと思うか」と聞くほうがよい．同類のものとして，「禁止しないほうがよいか」，「許可しないほうがよいか」というのも紛らわしくなりやすいので注意する必要がある．

■ 誘導質問

質問文の冒頭に「専門家によると」，「新聞の調査によると」などという説明を入れることがある．これは回答をゆがめてしまうので，避けたほうがよい．たとえば，「経済の専門家によるとコロナの感染拡大の影響を受け，企業の経営はどの会社も厳しくなると言われてますが，あなたの来年の給与は今年よりも上がると思いますか，思いませんか？」と聞いたならば，「思いません」という否定的な意見が多くなることが予想される．これは今年よりも悪くなるという意見が多いという結論を出したくて，回答者を誘導している質問といえよう．仮に冒頭に説明文を付けるのであれば，肯定派と否定派の両方の意見を併記するほうがよい．

■ キャリーオーバー効果

キャリーオーバー効果とは先にした質問が後でする質問の回答結果に影響を与えることである．たとえば，「原子力発電の事故を知っているか」と聞いたあとで，「原子力発電に賛成か反対か」と聞けば，反対派が多くなることが予想されるであろう．キャリーオーバー効果を完全に防止することはできないが，よく用いられるのは，関連する質問を離して配置する，すなわち，関連する質問の間に無関係な質問を挟むという方法である．また，順番を入れ替えたアンケート用紙を2種類つくるという方法である．この方法は紙媒体のアンケート調査では実行が難しいが，ウェブ調査では比較的簡単に実行できる．

3.2　回答形式

■ 回答形式の種類

アンケート調査における回答のさせ方には次のような形式がある.

① 選択回答形式

② 数値記入形式

③ 文字記入形式

④ 順位回答形式

⑤ 自由記述形式

上記の順に集計や解析も難しくなると考えてよいであろう. 回答形式の違いはデータの集計方法や適用する統計解析の方法に現れる.

■ 選択回答形式

選択肢を2つ以上用意しておいて, その選択肢の中から選んでもらう回答形式を選択回答形式という. この形式には次の2種類がある.

① 単一回答形式

② 複数回答形式

どちらも選択肢から選んでもらう点は同じであるが, 複数の選択肢から1つしか選べないのが単一回答形式で, 2つ以上選べるのが複数回答形式である. 複数回答形式には, いくつでも選べる場合と, 3つまでというように制限が付けられる場合がある. 以下に単一回答形式と複数回答形式の例を示そう.

【例1】単一回答形式の例

次に示す色の中で最も好きな色を<u>1つだけ</u>選んでください.

　　　　□赤　　□白　　□黒　　□青　　□緑

【例2】複数回答形式の例

次に示す色の中で好きな色を<u>いくつでも</u>選んでください.

　　　　□赤　　□白　　□黒　　□青　　□緑

【例3】複数回答形式の例（制限付き）

次に示す色の中で好きな色を2つまで選んでください．

□ 赤　　□ 白　　□ 黒　　□ 青　　□ 緑

　選択肢のことをカテゴリーとも呼んでいる．複数回答形式において，制限を付けないときと，制限を付けるときとでは，選択肢の選び方が大きく異なることに注意されたい．制限を付けないときには絶対評価（その色が好きか否か）であるが，制限を付けると相対評価（5つの色を比べて上位を選ぶ）になる．

　ところで，血液型ならば最初から4種類用意しておけばよいが，人の好きな色などは何種類用意すればよいかは不明であり，例1から例3に挙げた5つの色しか存在しないわけではない．さりとて，考えられるすべての色を選択肢で用意するわけにもいかない．そのようなときには「その他」という選択肢を設けるとよい．具体的にどの色を選択肢にして，どの色を「その他」にまとめるかというのは，調査担当者が勝手に決めるのではなく，予備調査やその他の調査の結果を見て，上位のものを取り上げて，少数派のものを「その他」にまとめるのがよい．あるいは，後述する文字記入形式で自由に好きな色を書いてもらうのもよいだろう．

■ コード化

　選択肢に番号を付けて次のように提示する場合もある．

□ 赤　　□ 白　　□ 黒　　□ 青　　□ 緑

⬇

1 赤　　2 白　　3 黒　　4 青　　5 緑

　選択肢にあらかじめ数字を割り付けることをプリコーディングと呼んでいる．調査の終了後に数字を割り付けるのはアフターコーディングである．アフターコーディングはデータ入力を手作業で行うときに，変換ミス（たとえば，白は2なのに3と入力）に気をつけなければならなくなるので，データ入力の効率性を考えた場合はプリコーディングがよい．ただし，アフターコーディングは好きな数字を答えるという数字効果を避けることができるという利点がある．

■ 数値記入形式

　年齢や年収などの数値をそのまま記入してもらう回答形式が数値記入形式である.

【例4】数値記入形式の例

　　あなたの**年齢**をお答えください.　　（　　　）**歳**

　この形式は人にはできれば知られたくない内容（たとえば，年収など）の質問の場合，無回答が多くなる可能性がある.　そのようなことが予想されるときには，数値を区間分けして提示し，どの区間に属するかという選択回答形式で質問すると，回答者の抵抗感が少なくなる.　先の年齢の例であれば，次のような示し方である.

　　□ **20 歳未満**

　　□ **20 歳以上 30 歳未満**

　　□ **30 歳以上 40 歳未満**

　　□ **40 歳以上 50 歳未満**

　　□ **50 歳以上 60 歳未満**

　　□ **60 歳以上 70 歳未満**

　　□ **70 歳以上**

　区間をどのようにつくるかは調査の目的によって変わるであろう.

■ 文字記入形式

　文字をそのまま記入してもらう方式が文字記入形式で，ここでいう文字とは，一文字か二文字，あるいは単語レベルのことで，文章のことではない.　先に例で挙げた好きな色を聞く質問の場合，回答される色の種類は全員の回答を見るまでわからない.　そのようなときには，好きな色を書いてもらうほうがよいであろう.

【例5】文字記入形式の例

　　あなたの**好きな色**をお答えください.　　（　　　）**色**

　なお，種類の数があらかじめ限定されていても，その数が多い場合がある.

たとえば，現住所の都道府県を聞くような場合である．47種類に限定されるとはいえ，47個の選択肢を提示して選んでもらうのは，ウェブ調査のような場合を除いて現実的ではない．このように選択肢の数が限定されていても，その数が多い場合は都道府県を直接書いてもらう文字記入形式のほうがよい．

　ウェブ調査のような場合，プルダウン形式で都道府県を選ぶことができる．このときに，たとえば，選んだあとで，コード番号の「22」とだけ表示されるのではなく，「22. 静岡」あるいは「静岡」というように表示されると回答者が確認できて，回答ミスを防ぐことができる．

　　（注）　都道府県のコード番号はJISで設定されているので，参考までに下記に掲載しておこう．

1 北海道	16 富山県	31 鳥取県	46 鹿児島県
2 青森県	17 石川県	32 島根県	47 沖縄県
3 岩手県	18 福井県	33 岡山県	
4 宮城県	19 山梨県	34 広島県	
5 秋田県	20 長野県	35 山口県	
6 山形県	21 岐阜県	36 徳島県	
7 福島県	22 静岡県	37 香川県	
8 茨城県	23 愛知県	38 愛媛県	
9 栃木県	24 三重県	39 高知県	
10 群馬県	25 滋賀県	40 福岡県	
11 埼玉県	26 京都府	41 佐賀県	
12 千葉県	27 大阪府	42 長崎県	
13 東京都	28 兵庫県	43 熊本県	
14 神奈川県	29 奈良県	44 大分県	
15 新潟県	30 和歌山県	45 宮崎県	

■ 順位回答形式

　選択肢に好きな順など1位から順位を付けてもらう回答形式で，すべての選択肢に1位から最下位まで順位を付けてもらう場合（完全順位付け）と，上位の1位から3位までというように制限を付ける場合（部分順位付け）がある．選択肢が多いときに，完全順位付けをしても，中間に位置する順位は曖昧になりやすいので，完全順位付けは選択肢の数が7 ～ 10個までが限度であろう．

【例6】順位回答形式の例（完全順位付け）

　次に示す色の中で好きな順に1位から5位まで順位を付けてください．

赤	白	黒	青	緑

あるいは，次のような回答欄のつくり方もある．

1位	2位	3位	4位	5位

【例7】順位回答形式の例（部分順位付け）

　次に示す色の中で好きな順に1位から2位まで順位を付けてください．

1位	2位

　順位回答のときの回答欄のつくり方については，例6で示したように，選択肢を表示しておいて，順位を入力してもらう場合と，順位を表示しておいて，該当する選択肢を記入してもらう場合の2つの形式があり得る．部分順位付けの場合は後者が多いであろう．どちらの回答欄が好ましいかについては，**第7章**を参照していただきたい．

■ 自由記述形式

　商品や政策などに関する感想あるいは評価を文章で回答してもらう形式を自由記述形式と呼んでいる．アンケート調査では最後の質問に配置するのが一般的である．

【例 8】自由記述形式の例

　当ホテルにご宿泊いただいての感想をお書きください．

　このとき，文字数を「おおよそ 100 文字」とか，「100 文字以内」などと制限することがある．文字数を制限する場合は，マス目の回答欄をつくるなどして，回答者が文字数を数えなくても，あと何文字まで書けるかがわかるようにしたほうがよい．ウェブ調査であれば，いま何文字目かを表示することができるし，制限された文字数以上は入力できないようにすることも可能である．

■ SD 法

　SD 法とは「Semantic（意味）の Differential（差）」法の略で商品や人物，組織などに関する印象を形容詞を対にして聞く方法である．通常は「どちらともいえない」という中間を設けた 5 段階で聞く例が多く見られる．以下に例を示そう．

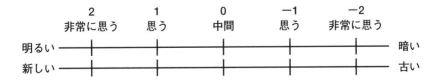

　上のスケールの該当するところに次に示すように○を付けてもらう．

(注1) 「明るい」に対して「明るくない」という否定語の対はできるだけ避けるようにする.

(注2) 選択肢の説明に「非常に」と付けると,その箇所は選択されにくくなるという傾向がある.これを避けたいときは,「思う」,「やや思う」のように表現を変えるとよい.

(注3) 次のような両端で横線を切ったスケールをつくると,左右の両端の選択肢は選択されにくくなるという傾向があると言われている.

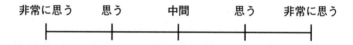

注2と注3はSD法に限らず一般的な評定尺度法においても注意する必要がある.

第4章

統計解析の基本

　この章では，アンケート調査で得られるデータを統計的に解析する上で必要となる基本的な知識と，よく使われる統計的方法の一つである検定と呼ばれる手法の考え方を紹介する．

4.1　統計学の基礎知識

4.1.1　母集団と標本

　アンケート調査では，調査や研究の対象となる人の集まりを母集団と呼んでいる．母集団を調査や研究の対象となるデータの集まりと定義することもある．また，母集団とは研究で得られた結論の適用範囲と考えることもできる．

　母集団を決めると，母集団に属する人を全員調べるのか，一部の人だけを調べるのかを決める必要がある．下図のように一部の人だけ抜き取って調べる場合，抜き取られた人の集まりを標本あるいはサンプルと呼ぶ．母集団に属する人全員を調べる方法を全数調査，一部の人を調べる方法を標本調査と呼んでいる．なお，次頁の図はデータの集まりを母集団としたときの概念を示した図である．

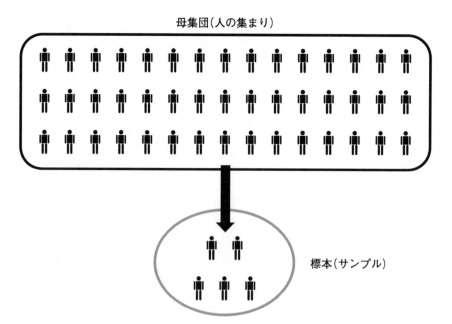

母集団（人の集まり）

標本（サンプル）

母集団(データの集まり)

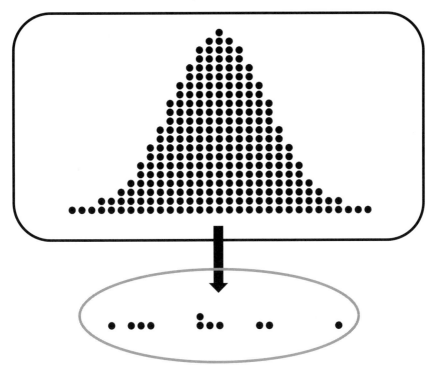

標本(サンプル)

標本調査は抜取調査と呼ばれることもある．標本調査において，標本から得られたデータを分析して得られる結論は母集団に対するものなので，標本は母集団を代表する人たちで構成されている必要がある．たとえば，母集団を東京在住の小学生とするならば，標本には小学1年生から6年生までが含まれている必要がある．母集団から標本を抜き取る行為をサンプリングと呼ぶ．抜き取られた標本が母集団を代表しているようにするためには，標本を無作為に選ぶ必要がある．このようなサンプリングをランダムサンプリングと呼んでいる．

4.1.2　サンプリングの方法

■ 無作為に抽出

　サンプリングによって選ばれたサンプルは，母集団を代表している必要がある．このためには，母集団からサンプルを無作為に取り出さなければならない．このような方法を無作為サンプリング，あるいはランダムサンプリングと呼んでいる．

　無作為に取り出すというのは，等確率で取り出すということを意味している．たとえば，10人から1人を選び出すときに，この10人は選び出される確率がすべて等しく10分の1の確率であるということが保証されている必要がある．

■ サンプリングの種類

　無作為サンプリングの方法としては，次のような方法がよく使われている．

　① **単純無作為サンプリング**

　　母集団全体から無作為にサンプルを選ぶ方法．

　② **系統サンプリング**

　　サンプリングの開始時点（あるいは開始位置）を無作為に決めて，その後は，等間隔で選ぶ方法．

　③ **層化サンプリング**

　　母集団を何らかの基準で層に分けておいて，各層から無作為に選ぶ方法．

　④ **集落サンプリング**

　　母集団を何らかの基準で層に分けておいて，ある層を無作為に選び，選ばれた層はすべて調べる方法．

　⑤ **多段サンプリング**

　　母集団を何らかの基準で階層的に分けておいて，最初にある層を無作為に選び，次に選ばれた層から，無作為に選ぶという方法．

①から⑤を図で示すと次のようになる.

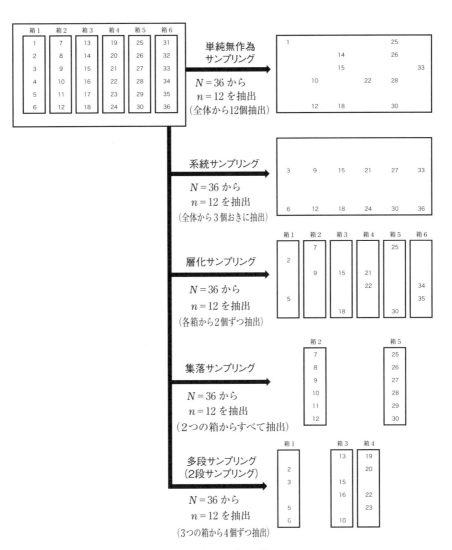

サンプリングの種類

4.2　データの性質

4.2.1　データの分類

■ 形態による分類

アンケート調査で得られるデータは次の3つの種類に分けることができる.

　　①　数量データ　　　　②　カテゴリーデータ　　　③　テキストデータ

　体重，身長，年齢などの数値で表現できるデータは数量データ（あるいは数値データ）と呼ばれている.　一方，性別や血液型などのように数値で表現できないデータはカテゴリーデータ，感想や意見などのように文章で得られるデータはテキストデータと呼ばれている.

■ 測定尺度による分類

データを次の4つの測定尺度で分けるという分類方法がある.

　　①　名義尺度

　　②　順序尺度

　　③　間隔尺度

　　④　比例尺度

　性別や血液型のように種類を表すデータは名義尺度になる.　段階で評点を付ける方法を評定尺度法と呼び，このようなデータは順序尺度になる.

【5段階評価による順序尺度の例】	【4段階評価による順序尺度の例】
5　非常に満足	4　満足
4　満足	3　やや満足
3　普通	2　やや不満
2　不満	1　不満
1　非常に不満	

　順序尺度は大小の順番には意味があっても，「非常に満足」と「満足」の差は，「不満」と「非常に不満」の差に等しいということが保証されていない．このことを等間隔性が保証されていないという言い方をする．

　間隔尺度は等間隔性が保証されているデータで，体重や身長などの測定器により測定されたデータである．

　なお，間隔尺度の中で，割り算をすることに意味があるようなデータが比例尺度である．間隔尺度と比例尺度の区別は，データ分析において区別することはない．

　ここまで述べてきた4つの測定尺度と，先に紹介したデータの形態による分類とを対応させると，名義尺度と順序尺度はカテゴリーデータ，間隔尺度と比例尺度が数量データとなる．

　分析しようとしているデータが数量データかカテゴリーデータか，カテゴリーデータならば，名義尺度なのか順序尺度なのかという区別は非常に重要で，データの種類によって，グラフや統計的方法を変える必要がある．

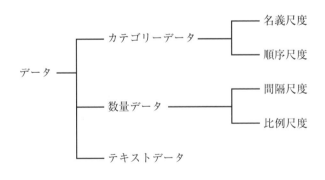

データの種類と尺度

4.2.2　統計的性質による分類

これまで述べてきたデータの分類方法に加えて，数量データを計量値，計数値，順位値に分けて考えることがある．

■ 計量値と計数値

計量値とは，測定して得られるデータであり，小数点以下の数値があり得る．長さ，重さ，時間などが該当する．

計数値とは，数えて得られるデータであり，0以上の整数の値にしかならない．人数，個数，件数などが該当する．

また，計量値を連続量，計数値を離散量という呼び方もする．

■ 順位値

順位値とは，1位，2位，3位というように比較して得られるデータであり，順位値は計数値と同様に整数の値にしかならない．

4.3 数量データのまとめ方

4.3.1 数値による要約

　数量データをまとめるときの基本は「中心位置」と「ばらつき」がわかるようにまとめることである．ばらつきは「散らばり」あるいは「散布度」と呼ばれることもある．

■ 平均値と中央値

　データの中心位置を見るのに使われるのが「平均値」と「中央値」（メディアンということもある）である．どちらも中心位置を把握するための数値であるが，これらの数値が一致するとは限らない．

　平均値は，データをすべて加えて合計値を求め，その値をデータの数で割れば求めることができる．また，平均値は $\bar{x}$ という記号を使うのが一般的である．

$$\bar{x} = （合計値）÷（データ数）$$

　中央値は，その値よりも大きいデータの数と，小さいデータの数が同じ数になるような値である．データを小さい順に並べ替えて，真ん中の順位に位置する値ということになる．中央値は Me という記号が一般的には使われる．

　たとえば，次のように5つのデータであれば，

$$38 \qquad 41 \qquad 48 \qquad 56 \qquad 72$$

平均値 $\bar{x} = 51$

中央値 $Me = 48$

となる．

これを図で表現すると次のようになる.

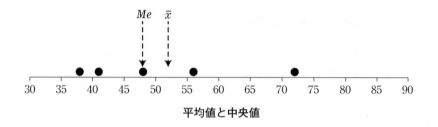

平均値と中央値

■ 範囲と標準偏差

データのばらつきの大きさを見るのに使われる代表的なものは「範囲」と「標準偏差」である.

範囲は,最小値から最大値までの幅の大きさを意味し,

範囲＝最大値－最小値

という計算をして求める.

範囲は最大値と最小値の2つのデータしか使わないので,データの数が多いときには,使うべきではない.具体的にはデータの数が10以上のときには適切ではない.範囲はRという記号で表現される.

範囲のほかに,ばらつきの大きさを見るための値が標準偏差である.標準偏差は個々のデータが中心位置(平均値)から,どの程度離れているのかを示している.たとえば,標準偏差の値が13.6であるとなった場合,個々のデータは平均値から13.6ほど平均して離れているということを意味している.このことは,収集したデータが(平均値 ± 標準偏差)の範囲でおおよそばらついているということを意味している.標準偏差はsという記号を使う.標準偏差の値が大きいほど,ばらつきの度合いも大きいということになる.

4.3.2 数量データのグラフ化

数量データ(特に計量値)を視覚化するときのグラフは,次のようなグラフが使われる.

① ドットプロット

② ヒストグラム

③ 箱ひげ図

④ 幹葉図

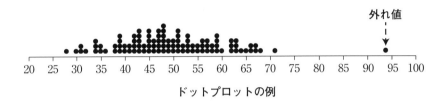

ドットプロットの例

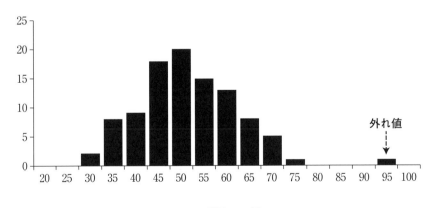

ヒストグラムの例

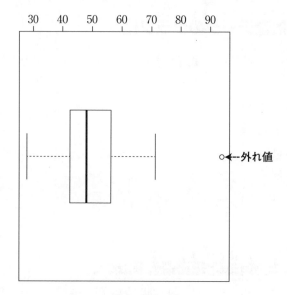

箱ひげ図の例

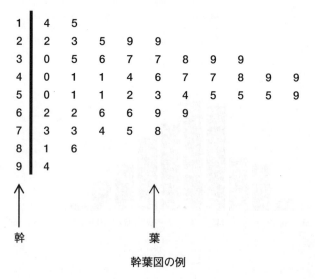

幹葉図の例

4.4　検定の考え方

4.4.1　検定の必要性

アンケート結果を統計解析するとき，必ずといってよいほど必要になるのが検定と呼ばれる手法である．統計解析で使われる検定のことを正式には「仮説検定」あるいは「有意性検定」と呼んでいる．この方法をなぜ適用しなければいけないのかを説明していこう．

いま，2つの政策 A と B を提示して，どちらの政策を支持するかを 30 人の回答者に聞いたとしよう．その結果として，21 人が A，9 人が B を支持すると回答した．これは次のような棒グラフと円グラフで表現することができる．

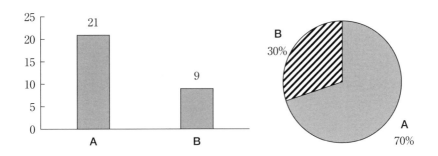

この結果から，政策 A は B よりも支持されているいう結論を出してもよいかどうかという問題が生じる．なぜならば，この結果は 30 人の結果に過ぎないので，もっと人数を増やせば，たとえば，2,000 人調べれば結果は変わるかもしれない．言い方を変えれば，30 人は母集団全員を調べた結果ではなく，母集団から選ばれた標本の結果に過ぎないのである．また，21 人と 9 人の差は誤差の範囲かもしれない．仮に A を支持する人が 16 人，B を支持する人が 14 人という結果が出たとしたら，多くの人は「差がない」，つまり，「16 人と14 人の差は誤差の範囲」と考えるであろう．では，21 人と 9 人の差は誤差の

範囲なのだろうか，あるいは，誤差の範囲を超えているのかという疑問が生じることになる．この疑問に対する答えが明確になるまでは，A を 21 人，B を 9 人が支持しているという集計結果だけから，即座に A を支持している人が多いという結論を出すことはできないのである．このような状況のときに検定と呼ばれる統計解析が役に立つ．検定を適用することで，誤差の範囲内かどうか，差があると判断していよいかどうかを決めることが可能になるからである．

4.4.2 検定の論法

■ 二項分布

1 回の実験結果が A であるか B であるかのどちらか一方しか起こらない状況を考える．ここで，A が起きる確率と B が起きる確率は同じであるとするとき，すなわち，どちらの起きる確率も 0.5 とするとき，30 回の実験で A がちょうど m 回起きる確率を計算してグラフに表現すると，次のようなグラフが得られる．横軸が A が起きる回数であり，縦軸が確率である．

A の起きる確率が 0.5 であるならば，30 回の実験で A が起きる回数は 15 回のときが最も高くなっている．これは直観的にも理解できるであろう．数式で考えても，0.5×30 = 15 となる．結果の起き方は A か B かの 2 通りであるこ

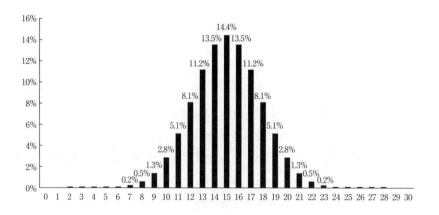

とから，このグラフのような分布を二項分布と呼んでいる．

■ 検定の進め方

30回の実験でAが28回，Bが2回起きる確率はどの程度かというと，グラフを見ると，ほとんど0に近いことがわかる．仮にそのような現象が実際に起きたとしたら，確率は0に近いけれど，完全に0ではないので，非常に珍しいことが起きたと考えることができるが，一方，そもそもAとBの起きる確率は0.5ではなく，Aのほうが起きやすいのだと考えることもできる．この2つの考え方のうち，AとBの起きる確率は0.5ではなく，AとBの発生の仕方に差があるから，このような結果になったのだと考えるのが検定の考え方である．ここまでの話を整理すると，次のような流れになる．

① AとBが起きる確率は同じであるという仮説を立てる．

② この仮説が成立していると仮定する．

③ この仮定の下で，実際に起きた現象が起きる確率を計算する．

④ この確率が小さいかどうかを判断する．

⑤ 小さいと判断されたときには，AとBが起きる確率は同じであるという仮説を棄却する．すなわち，確率は「異なる」と結論する．

⑥ 小さくないと判断されたときには，AとBが起きる確率は同じであるという仮説を棄却しない．すなわち，確率は「異なるとはいえない」と結論する．

(注) このときに，「異なるとはいえない」という言い回しは，「同じである」という結論を積極的に肯定しているわけではないことに注意されたい．

以上の論法で仮説を検証していく方法が検定と呼ばれる方法であり，最初に仮説を立てることから始めるので仮説検定と呼ばれている．

■ p値と有意水準

検定の論法で登場した考え方を使って，検定の用語を整理していこう．

前述の①において，最初に立てる仮説を帰無仮説と呼び，H_0と表現する．

帰無仮説が棄却されたときに採択される仮説を対立仮説と呼び，H_1 と表現する．先の例は次のように表現される．

H_0：A が起きる確率＝B が起きる確率（＝ 0.5）

H_1：A が起きる確率 ≠ B が起きる確率

検定とは言い方を変えると，H_0 か H_1 かをデータにもとづいて決める手法であるともいえる．

さて，H_0 が成立しているという仮定の下で，実際に得られた結果が生じる確率（実際には生じた結果よりもさらに偏った方向の現象も計算に入れる）を計算することになるが，この確率のことを p 値と呼んでいる．検定では p 値が最も重要な数値である．p 値が小さいときには H_0 を棄却して，小さくないときには H_0 を棄却しないという判断をすることになる．なお，p 値を有意確率と呼ぶこともある．p 値が小さいかどうかを決める基準のことを有意水準と呼んでいる．有意水準は慣例的に 0.05 という値が使われている．

以上のことを整理すると，検定における結論の出し方を次のように表現することができる．

p 値 ≦ 有意水準（0.05）のとき H_0 を棄却する

p 値 ＞ 有意水準（0.05）のとき H_0 を棄却しない

検定では H_0 を棄却することを「有意である」と表現し，H_0 を棄却しないことを「有意ではない」と表現する．

■ 3 通りの対立仮説

実際のデータを解析するときには，対立仮説を次の 3 通りに設定することが可能である．

〈ケース 1〉　H_1：A が起きる確率 ≠ B が起きる確率

〈ケース 2〉　H_1：A が起きる確率 ＞ B が起きる確率

〈ケース 3〉　H_1：A が起きる確率 ＜ B が起きる確率

この 3 つの仮説のどの仮説を対立仮説とするかは，アンケートの担当者が目的に応じて決めることになる．ただし，3 通り試してみるというのは誤りで，

どれか1つに決める必要がある．〈ケース1〉のような対立仮説を両側仮説と呼び，両側仮説による検定を両側検定と呼んでいる．〈ケース2〉や〈ケース3〉のような対立仮説を片側仮説と呼び，片側仮説による検定を片側検定と呼んでいる．実際のデータ分析の場面では，圧倒的に両側検定が多くなる．なぜならば，両側検定を行うか，片側検定を行うかはデータを取る前に決めておくべきことであり，データを取る前から，一方が他方より大きくなるとか，小さくなるとか，方向がわかっていることはほとんどないからである．

両側検定か片側検定かは p 値の計算方法に関係してくる．多くの場合，（あくまでも一般的には）片側検定における p 値を2倍した値が両側検定における p 値となる．ただし，例外もあるので，その都度正しく計算する必要がある．

■ 例題

それでは，30人にアンケートを行った結果，21人が政策Aを支持して，9人が政策Bを支持したという結果が得られたときに，AとBで支持率に差があるかどうかという検定を見ていくことにする．まずは仮説を立てる．

H_0：Aを支持する母割合 ＝ Bを支持する母割合（＝0.5）

H_1：Aを支持する母割合 ≠ Bを支持する母割合

ここで，母割合という言葉を使っているが，これは母集団における割合という意味である．統計学の世界では母集団の平均や標準偏差を母平均とか母標準偏差という呼び方をするのが慣例である．「真の」あるいは「対象となるデータを無限個集めたときの」という意味と考えてもよい．

次に H_0 が成立していると仮定する．すなわち，Aを支持する人は50%の割合で存在する（50%の確率で現れる）とすると，30人のうち，Aを支持する人数が21人以上（Bを支持する人数が9人以下）となる確率と，その逆であるAを支持する人数が9人以下（Bを支持する人数が21人以上）となる確率を求める．それが p 値となる．

p 値 ＝（Aを支持する人数が21人以上となる確率）

　　　　＋（Aを支持する人数が9人以下となる確率）

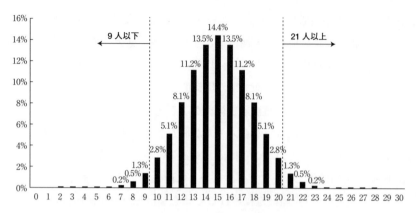

政策Aを支持する人数

この値を二項分布のグラフを見ながら計算すると次のようになる．

$$p \text{ 値} = (0.013 + 0.005 + 0.0019 + 0.00055 + 0.00013 + \cdots) \times 2$$
$$= 0.0428$$

この値は 0.05 よりも小さいので，H_0 を棄却する．有意である．すなわち，Aを支持する割合とBを支持する割合に差があるといえる．

ここで求めた p 値は実際には電卓による手計算によって求められるほど簡単なものではないので，検定によるデータの分析を実施するときには統計ソフトや Excel などの表計算ソフトが必要になる．

さて，この例題では「政策AとBで支持率に差があるかどうか」を見ているので，両側検定を行っていることになる．そのことが，p 値の計算における「×2」に現れている．

仮に「政策AのほうがBより支持率が高いかどうか」であれば，片側検定を行うことになり，p 値の計算は（Aを支持する人数が 21 人以上となる確率）の部分だけとなる．逆に，「政策AのほうがBより支持率が低いかどうか」であれば，p 値の計算は（Aを支持する人数が 9 人以下となる確率）の部分だけとなる．

■ 検定の種類

先の例題で行った検定は二項検定と呼ばれるものである．二項検定の中でも例題のように 50% ずつかどうかを検定するときは特に符号検定と呼んでいる．

さて，検定には多くの種類があり，アンケートで得られたデータが計量値か計数値かというように，データの種類や目的により，使い分ける必要がある．以下にアンケートの統計解析でよく用いる検定を以下に名称だけ列挙しておくことにしよう．

- 1つの母割合に関する検定 → 二項検定
- 2つの母割合の違いに関する検定 → z 検定，χ^2 検定
- 2つ以上の母割合の違いに関する検定 → χ^2 検定
- 2つの母平均の差の検定 → t 検定，Wilcoxon 検定
- 2つ以上の母平均の差の検定 → 分散分析，Kruskal-Wallis 検定
- 母相関係数に関する検定 → t 検定
- 順位相関係数に関する検定 → z 検定
- 分布に関する検定 → χ^2 検定
- 対応のある2つの母平均の差に関する検定 → 対応のある t 検定
- 対応のある2つ以上の母平均の差に関する検定 → 分散分析，Friedman 検定
- 対応のある2つの母割合の差に関する検定 → McNemar 検定
- 対応のある3つ以上の母割合の差に関する検定 → Cochran の Q 検定

以上がアンケート結果の分析でよく使われる検定手法である．なお，この他にも多くの検定手法が存在しているので，その都度，習得していくとよいであろう．

上記の中の Wilcoxon 検定，Kruskal-Wallis 検定，Friedman 検定は，解析しようとしているデータが正規分布ではないとき，外れ値があるとき，順序尺度であるとき，順位値であるときのいずれかのときに使われる手法である．これらは，データにある特定の分布を仮定しないことから，ノンパラメトリック検定と呼ばれている検定手法である．

● 統計ソフトウェア ●

アンケート調査で収集したデータを集計・解析するには，統計ソフトが必要不可欠である．以下に筆者が推奨する統計ソフトを紹介する．掲載したソフトはいずれも次の条件を満たしているものである．

- 利用者数が多い．
- 統計手法が豊富である．
- 信頼性が高い．
- 日本語版がある．

SPSS(発売元：日本 IBM)

調査データの集計に優れていて，特に有意性検定の手法が数多く用意されている．

JMP(発売元：SAS Institute Japan)

グラフ機能に優れている．調査データだけでなく，実験データの解析にも適している．

Minitab(発売元：構造計画研究所)

シックスシグマ活動(全社的な品質管理活動の一つ)で有名な統計ソフトで，統計的工程管理の手法が豊富である．

JUSE-StatWorks(発売元：日本科学技術研修所)

初心者にもわかりやすい使い勝手の優れたソフトで，品質管理と実験計画法で用いる統計手法が豊富である．

R(オープンソースソフトウェア)

無料の統計ソフトである．非常に多くの統計手法を網羅しており，作成できるグラフの種類も豊富である．

第5章
選択回答の
集計と解析

　この章では，選択回答形式で得られるデータの解析方法を二択形式の場合と，三択以上の形式の場合に分けて紹介する．また，順序尺度の解析手法も紹介する．

5.1　二択形式の質問

5.1.1　二択形式の集計とグラフ化

■ 例

> あなたは新型コロナ感染拡大における生活において，飲食業の深夜営
> 業を禁止することに賛成ですか反対ですか？
> 1．賛成　　　　　2．反対

- ある政策に賛成か反対か
- ある商品を好きか嫌いか
- 2つの商品 A と B のどちらを好むか

というような質問は，2つの選択肢の中から1つを選ぶことなる．このような
質問から得た回答の集計結果は人数と割合を表示して，グラフ化して整理する．

■ 人数と割合

二択の質問に対する集計結果は次のように整理するのが一般的である．

	賛成	反対
人数	72	38
割合	65.5%	34.5%

このとき，無回答を含める場合と，無視する場合があり得る．無回答が20
〜 30% 以上いるようなときには，次のように示すべきであろう．

	賛成	反対	無回答
人数	72	38	30
割合	51.4%	27.1%	21.4%

■ 棒グラフと円グラフ

二択の質問に対する集計結果のグラフ化には棒グラフと円グラフが適している．人数を棒グラフ（**図 5.1**），割合を円グラフ（**図 5.2**）で表現する．

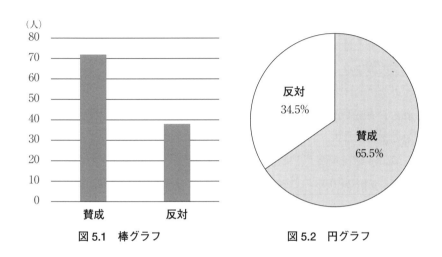

図 5.1　棒グラフ　　　　　　図 5.2　円グラフ

5.1.2　二択形式の統計解析

■ 二項検定による解析

賛成か反対か，好きか嫌いかといったことを問う二択の質問は，どちらが多いかに興味がある．このとき，賛成が 72 人で，反対が 38 人であったことから，ただちに賛成派のほうが多いという結論を導くのは危険である．この結果は 110 人の結果であって，もっと多くの人数を調べると，結果が変わる可能性がある．そこで，このようなときには，賛成の割合と反対の割合に差があるかどうかを統計的に吟味する必要がある．この場面で使われるのが二項検定と呼ばれる手法である．

二項検定で賛成の割合と反対の割合に差があるかどうかを検証するときには，次のような 2 つの仮説を立てる．

　　　　帰無仮説 H_0：母賛成率＝母反対率＝ 0.5

　　　　対立仮説 H_1：母賛成率 ≠ 母反対率

　ここで，母賛成率とは母集団（調査の対象としている人全員）における賛成している人の割合を意味する．一般的には母割合，あるいは，母比率などと呼んでいる．この値がある値に等しいかどうかを検定する方法が「二項検定」である．特に，二択の場合，割合が 0.5（50%）かどうかを検定することが多く，その場合の検定を「符号検定」と呼んでいる．

　この例における検定の p 値は 0.0015 となり，「有意である」という結論が得られる．有意であるとは，帰無仮説 H_0 を棄却することであり，賛成の割合と反対の割合には差があるといえる，という結論になる．

　一般に p 値は次のように用いる．

　　　　p 値 ≦ 0.05 のとき，帰無仮説 H_0 は棄却される　（有意である）

　　　　p 値 ＞ 0.05 のとき，帰無仮説 H_0 は棄却されない（有意ではない）

　0.05 という値を有意水準と呼び，$\alpha = 0.05$ と表記する．有意水準（α）は必ずしも 0.05 にする必要はなく，解析者が自由に設定することができる．しかし，統計の慣習として，0.05 が用いられる．

　なお，p 値 ≦ 0.01 のときは，「高度に有意である」という言い方をする．この場合も有意であることには変わりはない．

　また，p 値が 0.05 ～ 0.10 のときを「有意傾向」と呼ぶ書籍や学会もある．ただし，この表現はどの分野においても一般的に使われているわけではない．

■ 母割合の区間推定

　賛成率と反対率の差に統計学的な意味があるかどうかを見たのが符号検定であるのに対して，未知の母賛成率や母反対率の具体的な値を推測することを目的とする方法が区間推定である．「推定」であるから，必ず正しい結果が得られるとは限らないが，区間推定では，得られた結果を信頼率という数字で信憑性を確保することができる．信頼率は任意に決められるものであるが，検定と同様に慣習として使われている値があり，0.95 が多くの場面で用いられている．

信頼率 0.95 で計算した推定結果は 95% 信頼区間と呼ばれている．ここで，再度，最初に示した数値例を見てみよう．

	賛成	反対
人数	72	38
割合	65.5%	34.5%

賛成率は 0.655，反対率は 0.345 となっているが，この数値は 110 人の結果に過ぎないので，この値をもとにして，母集団における賛成と反対の割合を区間推定すると，次のような 95% 信頼区間が得られる（**図 5.3**）．

0.566 < 母賛成率 < 0.744

0.256 < 母反対率 < 0.434

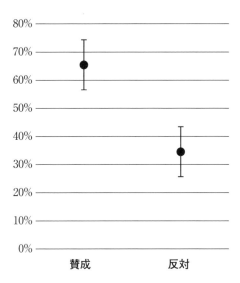

図 5.3　エラー付チャートによる信頼区間のグラフ化

（注）　p 値や信頼区間のほかに，効果量と呼ばれる数値を重要視する傾向も見られる．

■ 有意ではない数値例

ここで別の数値例を示そう.

	賛成	反対
人数	64	46
割合	58.2%	41.8%

上のような場合には, p 値は 0.1046 となり, 有意ではないという結論が得られる. 有意ではないとは, 帰無仮説 H_0 を棄却しないことであり, 賛成の割合と反対の割合には「差があるとはいえない」という結論になる. 区間推定をすると, 0.5 (50%) を含んだ 95% 信頼区間が得られる (**図 5.4**).

　　0.489 ＜ 母賛成率 ＜ 0.674　←0.5 を含んでいる

　　0.326 ＜ 母反対率 ＜ 0.511　←0.5 を含んでいる

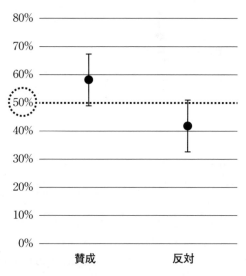

図 5.4　有意ではないときの信頼区間のグラフ

■ 割合が 0% または 100% に近いとき

　母集団の割合を区間推定する方法には，正規分布を利用した近似的で簡易な計算方法と，F 分布を利用した正確な方法がある．先の例は正規分布を利用した計算の結果であるが，割合が 0% に近く（あるいは 100% に近く），かつ，割合を計算するときの分母となる n が小さいときには不都合が生じる．

	賛成	反対
人数	2	48
割合	4%	96%

　このときの信頼区間を正規分布を利用した近似的な方法で求めると次のようになる．

$$-\underline{0.0108} < 母賛成率 < 0.1089 \quad ← 下限が 0% を下回る$$

$$0.8911 < 母反対率 < \underline{1.0108} \quad ← 上限が 100% を上回る$$

　このような場合，近似的な方法ではなく，正確な方法（F 分布による精密な方法）で計算すると，次のようになり，0 ～ 100% の範囲に収まる．

$$0.0049 < 母賛成率 < 0.1371$$

$$0.8629 < 母反対率 < 0.9951$$

　なお，標本の割合が 0 のとき，信頼区間の下限は 0 であるが，上限は $3/n$ と見積もればよいという近似的な推定方法があるので，覚えておくと便利である．100 人調べて 0 人が賛成というとき，母賛成率の信頼区間を 0 ～ 3%（3/100）と見積もるのである．

5.2　三択以上の形式の質問

5.2.1　名義尺度の集計とグラフ化

■ 例

> 次の5つの色の中で，最も好きな色を1つだけ選んでください．
>
> 　1. 青　　　2. 赤　　　3. 白　　　4. 黒　　　5. 緑

■ 人数と割合

　3つ以上の選択肢の中から，1つだけ選ぶ形式の質問についても，二択のときと同様に，人数と割合を集計して示すことになる．このとき，選択肢に順序があるかないかに注意を払う必要がある．この例は選択肢の各色に順番はない．すなわち，名義尺度のデータということになる．このようなときには，人数の多い順に表やグラフに示すほうがわかりやすくなる．

	赤	黒	青	緑	白
人数	42	33	24	11	10
割合	35.0%	27.5%	20.0%	9.2%	8.3%

　また，多い順に並べ替えたときには，累積割合も示すと，上位2つで全体の何%を占めるかということがわかり，便利である．

	赤	黒	青	緑	白
人数	42	33	24	11	10
割合	35.0%	27.5%	20.0%	9.2%	8.3%
累積	35.0%	62.5%	82.5%	91.7%	100.0%

■ 棒グラフと円グラフ

二択の質問のときと同様に集計結果のグラフ化には棒グラフと円グラフが適している。人数を棒グラフ（**図 5.5**），割合を円グラフ（**図 5.6**）で表現する。

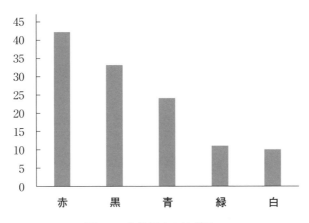

図 5.5　名義尺度の棒グラフ

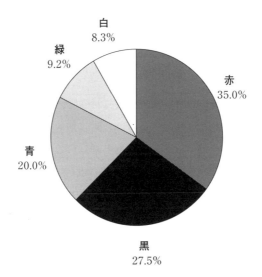

図 5.6　名義尺度の円グラフ

5.2.2 名義尺度の統計解析

■ 適合度検定による解析

　選択肢が3つ以上あり，かつ，選択肢に順序がないような名義尺度のときには，どの選択肢も同じ割合で選ばれているかどうかを検定するのが一般的である．このようなときには適合度の検定と呼ばれる方法が用いられる．これは次のような考え方で行う．

　もしも，どの色も等確率で選ばれるならば，すなわち，どの色を好むという傾向がないのであれば，各色が選ばれる確率は1/5となる．人数で表現すれば，全員で120人に聞いているので，下の表のように24人ずつ現れるはずである．

	赤	黒	青	緑	白
人数	24	24	24	24	24

　この24という数値のことを期待度数と呼ぶ．さて，実際には24人ずつではなく，下の表のようになっている．

	赤	黒	青	緑	白
人数	42	33	24	11	10

　これは実際の人数であるから，期待度数に対して，実測度数と呼ばれる．実測度数と期待度数の値が近ければ，どの色も同じ割合で選ばれていると判断できる．実測度数と期待度数の近さを適合度と呼ばれる数値を計算して，p値を計算するのが，適合度の検定，あるいは，適合度のχ^2乗検定（カイ2乗検定）である．

　この例におけるp値は0.000001で有意となる．すなわち，色によって好まれる割合は異なると判断される．

　なお，適合度の検定は，同じ割合になっているかどうかを検定するときだけとは限らない．たとえば，割合が人口統計などで事前にわかっている場合，その割合で現れているかどうかを検定するときにも使うことができる．

5.2.3 順序尺度の集計とグラフ化

■ 例

この製品の満足度は次の5段階のどれに該当しますか.
1. 不満
2. やや不満
3. どちらともいえない
4. やや満足
5. 満足

■ 人数と割合

この例の選択肢は1から5になるに従って,満足の程度が上がっているということに注意する必要がある.これは選択肢に順番がある順序尺度のデータということになる.このようなときも順序のない名義尺度のときと同様に,割合と人数を集計するのが基本である.さらに,累積割合も求めておくとよい.

	人数	割合	累積割合
1 不満	15	12.5%	12.5%
2 やや不満	22	18.3%	30.8%
3 どちらともいえない	23	19.2%	50.0%
4 やや満足	38	31.7%	81.7%
5 満足	22	18.3%	100.0%

累積割合から「不満」と「やや不満」で全体の30.8%を占めていることが読み取れる.なお,この例は順番に意味がある順序尺度なので,表やグラフにおいて,人数や割合の順で並び替えるというようなことはしない.

■ 棒グラフと帯グラフ

　順序尺度のときも名義尺度のときと同様に人数と割合がわかるグラフをつくるとよい．割合は円グラフでわかるが，帯グラフで見ることもできる．**図 5.7** の棒グラフから 4 と回答する人の数が 35 人を超えて最も多く，**図 5.8** の帯グラフから全体の 31.7% を占めることを読み取ることができる．

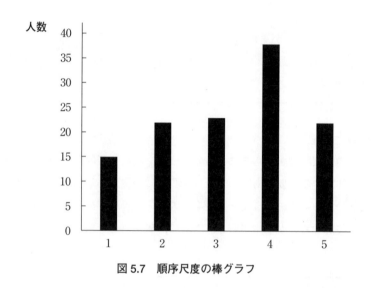

図 5.7　順序尺度の棒グラフ

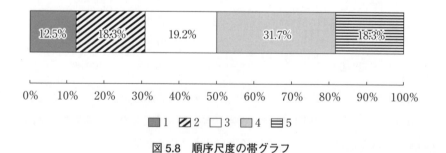

図 5.8　順序尺度の帯グラフ

5.2.4 順序尺度の統計解析

■ 統計量の算出

　順序尺度は等間隔を必ずしも保証していないので，測定値などの数量データと同じように扱うことには問題がある．しかし，平均値や標準偏差を参考までに計算しておくと，なんらかの比較をするときに便利である．

　この例では次のような結果が得られる．

　　　平均　　　　　3.250
　　　標準偏差　　　1.298

■ Wilcoxon の符号付順位検定による解析

　順序尺度の場合，5 段階ならば母平均が中間の値である 3 といえるかどうかという検定を行うことがある．このようなときには，Wilcoxon の符号付順位検定と呼ばれる手法が用いられる．なお，この手法の場合は母中央値が 3 といえるかどうかを検定していると考えたほうがよい．この例の場合，Wilcoxonの符号付順位検定による p 値は 0.0348 で有意となる．すなわち，満足度の中央値は 3 とはいえないと判断される．

平均の検定		
仮説値	3	
実際の推定値	3.25	
自由度	119	
標準偏差	1.298	
	t 検定	Wilcoxon の符号付順位検定
検定統計量	2.1098	785.0000
p 値（Prob>$|t|$）	0.0370*	0.0348*
p 値（Prob>t）	0.0185*	0.0174*
p 値（Prob<t）	0.9815	0.9826

　なお，何らかの目標値があるとき，たとえば，満足度は4を目標としようというようなときは，4といえるかという検定も同じように行うことができる.

第6章

複数回答の
集計と解析

　この章では，複数回答形式で得られるデータの解析方法を紹介する．また，複数回答のデータ解析に有効な検定手法や，相関係数による解析方法も解説する．

6.1 複数回答

6.1.1 複数回答の集計とグラフ化

■ 例

> 次のランチメニューの中で，あなたが好きなものに○を付けてください．いくつでも選んでかまいません．
>
> □ カレー
> □ かつ丼
> □ 親子丼
> □ 天丼
> □ そば
> □ うどん
> □ ラーメン
> □ パスタ
> □ 洋定食
> □ 和定食

上記のような質問から得た回答の集計結果は人数と割合をグラフ化して整理する．このときに，割合の集計には2通りの方法があるので，注意する必要がある．

なお，集計前の原データの入力と整理は，次の架空例で示すように，0と1を用いる方法を推奨する．その理由は後に続く集計や解析が効率的になるからである．0と1を用いるというのは，その選択肢を選んでいたら1，選んでいなければ0と入力するということである．

回答者	カレー	かつ丼	親子丼	天丼	そば	うどん	ラーメン	パスタ	洋定食	和定食
1	○				○	○		○		
2	○						○		○	
3	○						○			
4	○				○		○	○		
5	○				○	○	○			
6	○	○			○	○	○	○	○	
7	○	○			○	○	○		○	
8	○	○	○		○	○	○	○		○
9					○	○	○			○
10					○	○		○		○
11						○				
12	○					○				
13	○	○	○	○						
14	○	○	○	○	○					
15		○	○	○						
16	○	○	○	○	○	○	○			
17	○	○	○	○	○				○	
18	○		○	○		○	○			○
19				○						
20	○							○		

⬇ 0と1でデータ入力

回答者	カレー	かつ丼	親子丼	天丼	そば	うどん	ラーメン	パスタ	洋定食	和定食
1	1	0	0	0	1	1	0	1	0	0
2	1	0	0	0	0	0	1	0	1	0
3	1	0	0	0	0	0	1	0	0	0
4	1	0	0	0	1	0	1	1	0	0
5	1	0	0	0	1	1	1	0	0	0
6	1	1	0	0	1	1	1	1	1	0
7	1	1	0	0	1	1	1	0	1	0
8	1	1	1	0	1	1	1	1	0	1
9	0	0	0	0	1	1	1	0	0	1
10	0	0	0	0	1	1	0	1	0	1
11	0	0	0	0	0	1	0	0	0	0
12	1	0	0	0	0	1	0	0	0	0
13	1	1	1	1	0	0	0	0	0	0
14	1	1	1	1	1	0	0	0	0	0
15	0	1	1	1	0	0	0	0	0	0
16	1	1	1	1	1	1	1	0	0	0
17	1	1	1	1	1	0	0	0	1	0
18	1	0	1	1	0	1	1	0	0	1
19	0	0	0	1	0	0	0	0	0	0
20	1	0	0	0	0	0	0	1	0	0

回答例と推奨するデータ入力の仕方

■ 人数と割合

複数回答の質問に対する集計結果は次のように整理するのが一般的である.

選択肢	人数	人数割合	選択割合
カレー	15	75%	18%
そば	11	55%	13%
うどん	11	55%	13%
ラーメン	10	50%	12%
かつ丼	8	40%	10%
親子丼	7	35%	8%
天丼	7	35%	8%
パスタ	6	30%	7%
洋定食	4	20%	5%
和定食	4	20%	5%
合計	83	415%	100%

　複数回答の割合は，選択した人数の割合（人数割合）と選択された回数の割合（選択割合）を求める．たとえば，カレーの場合，20人中15人が選んでいるので，人数割合は 15/20 = 0.75(75%) となり，選択割合は全部で83回選ばれている項目の中でカレーが占める割合で，15/83 = 0.18(18%) となる.

　選択肢を比較するときには，人数割合に注目するのが一般的である．人数割合は，複数回答の場合，選ばれる選択肢が重複するので，割合の合計は100%にはならない．この例の場合は415%となっている．この値は各人が平均して4〜5つのメニューを選択していることを示している．仮にすべての人が1つしか選んでいなければ，人数割合と選択割合は一致する.

　（注）　複数回答の質問形式を多重回答と呼ぶ場合もある．ただし，多重回答という表現は，同一人物が何度も同じ調査に答える場合を指すこともある.

■ 棒グラフ

複数回答の集計結果は人数割合を棒グラフで示すのが一般的である（**図 6.1**）.
このとき，割合の高い順に棒を並べ替えると結果を考察しやすくなる.

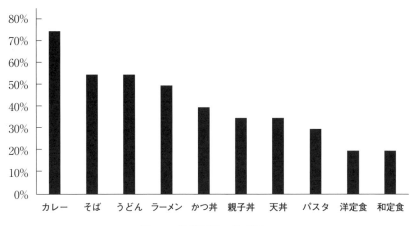

図 6.1 複数回答の棒グラフ

6.1.2 複数回答の統計解析

■ Cochran の Q 検定による解析

どの選択肢も同じ割合で選ばれているかに興味をもつであろう. 複数回答の
場合，この目的のために適合度の検定を適用するのは不適当で，Cochran（コ
クラン）の Q 検定と呼ばれる方法で解析するのが適切な方法である. この例に
おける p 値は 0.004 となり，「有意である」という結論が得られる. したがって，
選択のされ方に差があるといえる. Cochran の Q 検定はすべての選択肢が同
じ割合かどうかを見るものなので，この検定で有意になったときに，どの 2 つ
の選択肢間に差があるかを見るには，引き続き別の検定を行う必要があり，そ
の目的には McNemar（マクネマー）検定と呼ばれる方法が使われる.

■ 相関係数による解析

特定の2つの選択肢に注目して，一方の選択肢が選ばれたとき，もう一方の選択肢も同時に選ばれる傾向があるかどうかという解析も可能である．このようなときには，後述する相関係数と呼ばれる統計量を算出するとよい．この例では以下のようになる．

	カレー	かつ丼	親子丼	天丼	そば	うどん	ラーメン	パスタ	洋定食	和定食
カレー	1									
かつ丼	0.236	1								
親子丼	0.182	0.685	1							
天丼	−0.061	0.471	0.780	1						
そば	0.174	0.328	0.032	−0.179	1					
うどん	−0.058	−0.082	−0.179	−0.390	0.394	1				
ラーメン	0.346	0.000	−0.105	−0.314	0.302	0.302	1			
パスタ	0.126	−0.089	−0.252	−0.480	0.373	0.154	0.000	1		
洋定食	0.289	0.357	−0.105	−0.105	0.201	−0.050	0.250	−0.055	1	
和定食	−0.289	−0.153	0.157	−0.105	0.201	0.452	0.250	0.218	−0.250	1

相関係数の値が1に近いほど同時に選ばれていることになり，−1に近いほど，一方が選ばれると，もう一方は選ばれない傾向があることを示している．0に近いほど選ばれ方は無関係である．

■ 選択肢ごとの符号検定による解析

特定の選択肢に注目して，選ばれる割合と，選ばれない割合が同じかどうかを見る解析を行うこともできる．そのときには符号検定を使う．

■ 複数回答の多変量解析

0と1で表現されるデータは多変量解析と呼ばれる方法での解析も考えられる．この例については第11章を参照していただきたい．

6.2 複数回答の応用

6.2.1 制限付き複数回答

複数回答形式の質問は選択肢をいくつでも選ぶことができるのが一般的であるが，選ぶ数を指定するケースが考えられる．次のような例である．

【例1】該当するものを3つまで選んでください．

【例2】該当するものを3つ選んでください．

例2の場合は，1つあるいは2つしか選んでいない回答をどのように扱うか（回答違反として削除するか）という問題が生じる．

ここで，制限付きと無制限の大きな違いに注意する必要がある．無制限の場合は絶対評価（他の選択肢と比較する必要がない）のに対して，制限付きは相対評価になるということである．仮に選択肢が10個あるときに，3つまで選んでくださいという制限を付けるということは，回答者は頭の中で10個に順位付けをして，ベスト3を選ぶことになり，選択肢が多いときには，回答者に負担を強いることなる．したがって，無制限にすると，すべての選択肢を選ぶ人が多くなるようなときにのみ制限付きにしたほうがよい．この例としては次のような質問が考えられる．

あなたは食事をする店を選ぶときに，どのようなことを重視しますか？
- □ 予算
- □ 料理の味
- □ 店に着くまでの利便性
- □ 店員の対応
- □ 店の広さ

「重視するか」と問われると，「すべて重視します」となる可能性が高くなるからである．このようなときには制限付きがよいであろう．

6.2.2　複数回答 vs 二択形式

　どのメニューが好きかという質問は次のように複数の二択形式の質問に変更
することも可能である．選択肢が多いときには二択形式のほうが回答者は答え
やすくなる．

【問 1】	カレー	好き	嫌い
【問 2】	かつ丼	好き	嫌い
【問 3】	親子丼	好き	嫌い
【問 4】	天丼	好き	嫌い
【問 5】	そば	好き	嫌い
【問 6】	うどん	好き	嫌い
【問 7】	ラーメン	好き	嫌い
【問 8】	パスタ	好き	嫌い
【問 9】	洋定食	好き	嫌い
【問 10】	和定食	好き	嫌い

　さて，複数回答の形式で聞こうが，二択形式で聞こうが，どちらで聞いても
同じような結果が得られるかというと，必ずしも同じにはならない．複数回答
の場合，「選ばなかった選択肢」が「選んだ選択肢の反対」を意味するとは限
らないからである．すなわち，カレーを選ばなかったからといって，カレーが
嫌いであるとは限らないということに注意する必要がある．前掲の**図 6.1** の棒
グラフを見て，カレーが好きな人が多いという解釈はできても，和定食は嫌い
な人が多いという解釈はできないということである．一方，好きか嫌いかを聞
いて棒グラフにしている**図 6.2** の場合はカレーが好きな人が多く，和定食は嫌

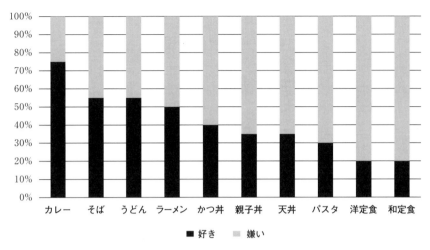

図 6.2 二択形式の棒グラフ

いな人が多いということがわかる.

● 評定尺度の表現 ●

「ちょうどよい」という表現

　ある食品を食べたときの「かたさ」に関する感じ方を5段階で質問したとしよう.

　　　5　非常にかたい

　　　4　かたい

　　　3　ちょうどよい

　　　2　やわらかい

　　　1　非常にやわらかい

この質問は3が最も好ましいことになる.

　一方で,次のような「おいしさ」を聞く質問もしたとしよう.

　　　5　非常においしい

　　　4　おいしい

　　　3　どちらともいえない

　　　2　まずい

　　　1　非常にまずい

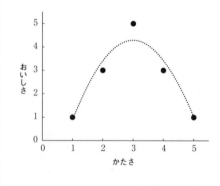

　この2つの質問間の関係は2次曲線になりやすいということを知っておいたほうがよい.

　2次曲線のときには相関係数は0に近い値となり,「かたさ」と「おいしさ」は無関係であると誤った結論を導く可能性がある.

第7章

順位回答の集計と解析

　この章では，順位回答形式で得られるデータの解析方法を紹介する．また，順位データの解析に有効な検定手法や，回答者の順位の付け方に注目する一致係数や順位相関係数も解説する．

7.1　順位回答

7.1.1　順位回答の集計とグラフ化

■ 例

> 次のランチメニューの中で，あなたが好きなものから順に1位から8位まで順位を付けてください.
>
> | | | |
> |---|---|---|
> | カレー | （　　　　） | 位 |
> | かつ丼 | （　　　　） | 位 |
> | 親子丼 | （　　　　） | 位 |
> | 天丼 | （　　　　） | 位 |
> | そば | （　　　　） | 位 |
> | うどん | （　　　　） | 位 |
> | ラーメン | （　　　　） | 位 |
> | パスタ | （　　　　） | 位 |

　順位を問う質問は次の3点を明らかにすることを解析の目的に置くことになる.

　① 選択肢の順位の平均値に差があるか.

　② 差があるならば，どの選択肢が人気があるのか.

　③ 回答の仕方が似ている人は誰と誰か.

　そこで，順位の平均値や標準偏差を求めることから，解析を進めていくことになる.

　ここで，8つの選択肢の順位を問う質問を20人にしたとして，次に示すようなデータが得られたとしよう.

回答者	カレー	かつ丼	親子丼	天丼	そば	うどん	ラーメン	パスタ
1	1	3	4	6	5	7	8	2
2	5	6	2	3	1	4	8	7
3	2	4	3	1	8	5	7	6
4	3	2	1	5	7	6	8	4
5	3	4	6	2	8	5	7	1
6	2	1	7	4	5	6	8	3
7	1	3	6	2	7	5	8	4
8	3	1	6	4	7	8	5	2
9	5	2	3	4	6	8	7	1
10	2	8	5	6	4	1	3	7
11	1	6	5	4	7	8	2	3
12	1	4	2	6	3	8	7	5
13	2	5	7	1	4	3	6	8
14	4	1	5	2	3	8	7	6
15	6	1	7	5	8	3	4	2
16	3	2	6	4	7	5	8	1
17	2	6	4	1	7	8	5	3
18	6	1	3	5	8	2	4	7
19	1	2	7	3	8	5	4	6
20	1	6	8	2	3	4	5	7

■ 順位の集計とグラフ化

まずは次の集計表を作成する.

順位	カレー	かつ丼	親子丼	天丼	そば	うどん	ラーメン	パスタ	計
1	6	5	1	3	1	1	0	3	20
2	5	4	2	4	0	1	1	3	20
3	4	2	3	2	3	2	1	3	20
4	1	3	2	5	2	2	3	2	20
5	2	1	3	3	2	5	3	1	20
6	2	4	4	3	1	2	1	3	20
7	0	0	4	0	6	1	5	4	20
8	0	1	1	0	5	6	6	1	20
計	20	20	20	20	20	20	20	20	

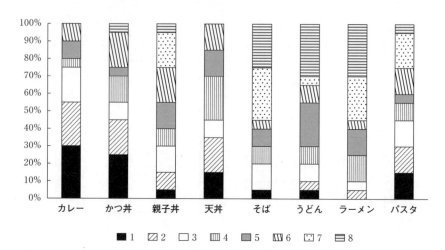

図 7.1 順位の帯グラフ

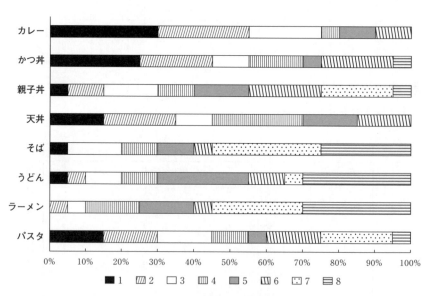

図 7.2 順位の帯グラフ（横型）

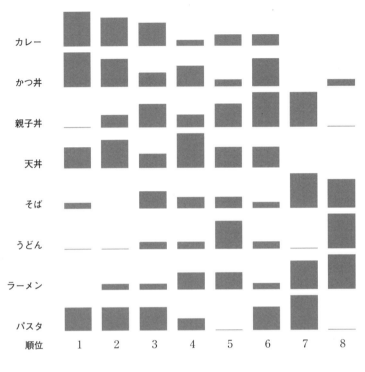

図 7.3　順位の棒グラフ

　順位の集計結果は帯グラフ(図 7.1, 図 7.2)を基本とするとよいが, 選択肢の数が多くなると, 必ずしも見やすいものとはならない. そのようなときには, 図 7.3 のように人数を棒の高さで示した単純な棒グラフを縦に並べるのがよいであろう.

■ 順位の平均値とグラフ化

　選択肢ごとに順位の平均値を求める. 値が小さいほど人気があることを示している. このときに, 標準偏差も同時に求めるとよい. 人によって, 順位の変動が大きい選択肢を見つけることができる.

	カレー	かつ丼	親子丼	天丼	そば	うどん	ラーメン	パスタ
平均値	2.70	3.40	4.85	3.50	5.80	5.45	6.05	4.25
標準偏差	1.69	2.16	2.01	1.70	2.14	2.19	1.90	2.36

この結果を人気の順に(平均値の小さい順に)並び替えて折れ線グラフで表現すると,図 **7.4** のグラフが得られる.

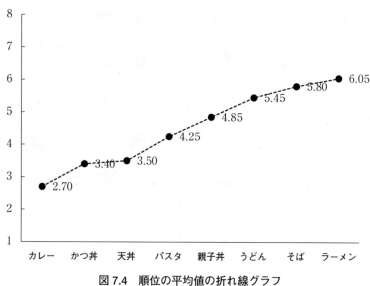

図 7.4 順位の平均値の折れ線グラフ

カレーが最も人気があり,ラーメンが最も人気がないことがわかる.ただし,グラフだけでは平均値に差があるかどうかはわからない.

7.1.2 順位回答の統計解析

■ Friedman 検定による解析

選択肢によって，順位の平均値に差があるかどうかを調べるには，Friedman（フリードマン）検定と呼ばれる方法が使われる．この例における p 値は < 0.01 となり，「有意である」という結論が得られる．

■ Kendall の一致係数

Freidman 検定は選択肢に着目した検定であるが，回答者に着目した解析として，Kendall（ケンドール）の一致係数と呼ばれる統計量がある．Kendall の一致係数は通常 W という記号で表示される．W は 0 から 1 の間の値をとり，順位の付け方が回答者全員が同じときに 1 となり，まったく異なるときには 0 となる．この例では $W = 0.253$ となる．W に関する検定において，「有意である」となったときには一致性があることになり，「有意ではない」となったときには一致性は認められないということになる．この例における p 値は < 0.01 となり，有意であり，一致性があるという結論が得られる．

Kendall の一致係数 W が有意かどうかの検定は，Friedman 検定と同じものとなる．選択肢に差があるときは，どの回答者も同じような順位付けをすることになるので，一致係数が 1 に近くなり，一方，選択肢に差がないときには，回答者の判断が散らばることになり，人によって，順位の付け方が異なることになるので，一致係数は 0 に近くなるということである．

■ 順位相関係数

Kendall の一致係数が回答者全員の一致性を見ているものであるのに対して，特定の 2 人の順位付けが一致しているかどうかを見るときに使われるのが順位相関係数と呼ばれるものである．順位相関係数には Kendall の順位相関係数と，Spearman（スピアマン）の順位相関係数があり，この 2 つの順位相関係数は考え方と計算方法が異なるので，数値は一致しない．どちらも -1 から 1

の間の値をとり，順位の付け方が似ている者同士は正の値，順位の付け方が逆
の者同士は負の値となる．すなわち，1に近いほど順位の付け方が似ていて，
−1に近いほど順位の付け方が逆であることを示している．

　この例における順位相関係数を次に示す．ただし，紙面の都合で7人分だけ
示すこととする．

Kendall の順位相関係数

	S1	S2	S3	S4	S5	S6	S7
S1	1.000	0.000	0.214	0.500	0.429	0.571	0.500
S2	0.000	1.000	0.214	0.071	− 0.286	− 0.143	− 0.071
S3	0.214	0.214	1.000	0.429	0.500	0.214	0.571
S4	0.500	0.071	0.429	1.000	0.214	0.500	0.429
S5	0.429	− 0.286	0.500	0.214	1.000	0.429	0.643
S6	0.571	− 0.143	0.214	0.500	0.429	1.000	0.643
S7	0.500	− 0.071	0.571	0.429	0.643	0.643	1.000

Spearman の順位相関係数

	S1	S2	S3	S4	S5	S6	S7
S1	1.000	− 0.048	0.310	0.714	0.524	0.762	0.619
S2	− 0.048	1.000	0.167	0.119	− 0.333	− 0.143	− 0.048
S3	0.310	0.167	1.000	0.619	0.571	0.357	0.786
S4	0.714	0.119	0.619	1.000	0.405	0.476	0.524
S5	0.524	− 0.333	0.571	0.405	1.000	0.643	0.810
S6	0.762	− 0.143	0.357	0.476	0.643	1.000	0.810
S7	0.619	− 0.048	0.786	0.524	0.810	0.810	1.000

　たとえば，回答者1番(S1)は6番(S6)との相関係数が最も大きい値となっ
ており，1番は6番と順位の付け方が最も似ていると読み取ることになる．

7.2 順位回答の応用

7.2.1 制限付き順位回答

提示される選択肢のすべてに順位を付ける回答形式のほかに，付ける順位の数に制限を付けるケースが考えられる．次のような例である．

【例1】最も好きな3つを選び，1位から3位を付けてください．

【例2】最も好きな2つを選び，1位と2位を付けてください．最も嫌いなものを2つ選び，最下位から順位を付けてください．

すべての選択肢に順位を付けるケースを完全順位付け，一部にだけ順位を付けるケースを部分順位付けという．

部分順位付けのときには，回答者は次のようなデータ表になる．

例1のときのデータ表

回答者	カレー	かつ丼	親子丼	天丼	そば	うどん	ラーメン	パスタ
1	1	3						2
2			2	3	1			
3	2		3	1				
⋮	⋮	⋮	⋮	⋮	⋮	⋮	⋮	⋮

例2のときのデータ表

回答者	カレー	かつ丼	親子丼	天丼	そば	うどん	ラーメン	パスタ
1	1					7	8	2
2			2		1		8	7
3	2			1	8		7	
⋮	⋮	⋮	⋮	⋮	⋮	⋮	⋮	⋮

データの集計や解析においては，空欄を埋めておく必要がある．このときには，平均順位(中間順位)が使われる．例1のケースならば，空欄は4位から8位のいずれかになるので6位(4と8の平均値)と埋めていく．例2のケースならば4.5位(3と6の平均値)と埋めることになる．

例1の同順位に対する処理

回答者	カレー	かつ丼	親子丼	天丼	そば	うどん	ラーメン	パスタ
1	1	3	6	6	6	6	6	2
2	6	6	2	3	1	6	6	6
3	2	6	3	1	6	6	6	6
⋮	⋮	⋮	⋮	⋮	⋮	⋮	⋮	⋮

例2の同順位に対する処理

回答者	カレー	かつ丼	親子丼	天丼	そば	うどん	ラーメン	パスタ
1	1	4.5	4.5	4.5	4.5	7	8	2
2	4.5	4.5	2	4.5	1	4.5	8	7
3	2	4.5	4.5	1	8	4.5	7	4.5
⋮	⋮	⋮	⋮	⋮	⋮	⋮	⋮	⋮

　このようにすることで，完全順位付けをしたときの順位の合計値（この例では $1 + 2 + 3 + 4 + 5 + 6 + 7 + 8 = 36$）を部分順位付けでも保つことができる．

　部分順位付けは選ばれなかった選択肢を過少あるいは過大に評価することになるので注意する必要がある．例1でいえば，3位にするか4位にするか悩んだ選択肢があるとすると，3位に選ばれなかった選択肢は6位となってしまう．反面，本来であれば8位の選択肢が6位となってしまう．これを避けるには完全順位付けをするしかないが，部分順位付けに比べて，回答者の負担は大きくなる．完全順位付けをするには，選択肢の数は多くても10までが限度であろう．

7.2.2　順位回答のときの回答用紙

　順位を回答させるときの形式としては次の2つのタイプが考えられる．

〈タイプ1〉選択肢を提示して順位を回答してもらう形式

カレー	かつ丼	親子丼	天丼	そば	うどん	ラーメン	パスタ

入力例

カレー	かつ丼	親子丼	天丼	そば	うどん	ラーメン	パスタ
5	1	3	2	7	6	4	8

〈タイプ2〉順位を提示して選択肢を回答してもらう形式

1位	2位	3位	4位	5位	6位	7位	8位

```
A．カレー  B．そば    C．かつ丼  D．うどん
E．親子丼  F．ラーメン  G．天丼    H．パスタ
```

入力例

1位	2位	3位	4位	5位	6位	7位	8位
C	G	E	F	A	D	B	H

データ入力作業を考えるとタイプ1のほうが効率的である．なぜならば，順位をタイトルにしたデータ表の解析をすることは実務の場面ではほとんど見られないからである．ただし，部分順位付けの場合や，回答者の目の前に選択肢となる物品が置いてあり，動かしながら評価できるようなときには，タイプ2のほうが回答者にとっては負担が少なくなる．

7.2.3　いろいろな順位付けの方法

■ 一対比較法

いま，5つの飲料水(A，B，C，D，E)を順位付けしたいものとしよう．このとき，2つずつ取り上げて，どちらが好ましいかを評価する方法として一対比較法と呼ばれる方法がある．5つの飲料水があるときには，次の10通りの比較が行われる．

```
A 対 B    A 対 C    A 対 D    A 対 E
B 対 C    B 対 D    B 対 E
C 対 D    C 対 E
D 対 E
```

2つずつを比較したときに，どちらが好ましいかだけを回答してもらう方法がThurstone(サーストン)の方法で，好ましさの程度まで回答してもらう方法がScheffé(シェッフェ)の方法である．程度の表し方は5段階あるいは7段階

が用いられることが多い.

左のほうが 非常に好ましい	左のほうが 好ましい	どちらとも いえない	右のほうが 好ましい	右のほうが 非常に好ましい
A　　　2	1	0	−1	−2　　　B

　Scheffé の方法は,組合せごとに回答者が異なること(A 対 B の比較をする人は A 対 C の比較は回答しない),および,提示順序(A が先で B が後,あるいは,A が後で B が先)が優劣の判断に影響するときには,提示順序も変えて,回答者も変える(A 対 B の比較をする人は B 対 A の比較は行わない)ということを原則としている.このため,アンケート調査では,このままでは使いにくいため,原則を変えて,すべての回答者がすべての組合せを行う,提示順序は考慮しないといった Scheffé の変法が使われることが多い.変法には芳賀の変法,中屋の変法,浦の変法と呼ばれる 3 つの方法が提案されている.どの方法を用いるかによって解析方法も結果も変わる.

■ コンジョイント分析

　いま,旅行にいくときに,次の 3 つのどの順に重視するかを調べたいものとしよう.

　　・近いか遠いか　　・ホテルか旅館か　　・食事が付くか付かないか

　この 3 つに直接順位を付けるのではなく,次のような 8 通り(2^3 通り)に組み合わせた案を回答者に提示する.

	距離	施設	食事
パターン1	近い	ホテル	付き
パターン2	近い	ホテル	なし
パターン3	近い	旅館	付き
パターン4	近い	旅館	なし
パターン5	遠い	ホテル	付き
パターン6	遠い	ホテル	なし
パターン7	遠い	旅館	付き
パターン8	遠い	旅館	なし

この8つのパターンについて，どの順に好ましいかを回答してもらい，その結果を解析する方法をコンジョイント分析と呼んでいる．

旅行の例では距離と施設と食事の3つの要素で8つのパターンを作成したが，要素の数が多くなると，パターンの数も多くなってしまう．このことを防ぐために，コンジョイント分析では，パターンの作成に「直交配列表」と呼ばれる表(単に「直交表」とも呼ばれる)を利用する．直交表にもいくつかの種類が用意されており，次にその例を示しておこう．

$L_8(2^7)$直交表

	列1	列2	列3	列4	列5	列6	列7
実験1	1	1	1	1	1	1	1
実験2	1	1	1	2	2	2	2
実験3	1	2	2	1	1	2	2
実験4	1	2	2	2	2	1	1
実験5	2	1	2	1	2	1	2
実験6	2	1	2	2	2	1	1
実験7	2	2	1	1	2	2	1
実験8	2	2	1	2	1	1	2
基本表示	a	b	ab	c	ac	bc	abc

$L_{16}(2^{15})$直交表

	列1	列2	列3	列4	列5	列6	列7	列8	列9	列10	列11	列12	列13	列14	列15
実験1	1	1	1	1	1	1	1	1	1	1	1	1	1	1	1
実験2	1	1	1	1	1	1	1	2	2	2	2	2	2	2	2
実験3	1	1	1	2	2	2	2	1	1	1	1	2	2	2	2
実験4	1	1	1	2	2	2	2	2	2	2	2	1	1	1	1
実験5	1	2	2	1	1	2	2	1	1	2	2	1	1	2	2
実験6	1	2	2	1	1	2	2	2	2	1	1	2	2	1	1
実験7	1	2	2	2	2	1	1	1	1	2	2	2	2	1	1
実験8	1	2	2	2	2	1	1	2	2	1	1	1	1	2	2
実験9	2	1	2	1	2	1	2	1	2	1	2	1	2	1	2
実験10	2	1	2	1	2	1	2	2	1	2	1	2	1	2	1
実験11	2	1	2	2	1	2	1	1	2	1	2	2	1	2	1
実験12	2	1	2	2	1	2	1	2	1	2	1	1	2	1	2
実験13	2	2	1	1	2	2	1	1	2	2	1	1	2	2	1
実験14	2	2	1	1	2	2	1	2	1	1	2	2	1	1	2
実験15	2	2	1	2	1	1	2	1	2	2	1	2	1	1	2
実験16	2	2	1	2	1	1	2	2	1	1	2	1	2	2	1
基本表示	a	b	ab	c	ac	bc	abc	d	ad	bd	abd	cd	acd	bcd	$abcd$

● 特殊な割合の検定 ●

特殊な検定となる例を2つ紹介しよう.

【特殊な例1】

ある施策に対する意見を

□ 賛成　　　□ 反対　　　□ どちらともいえない

の3つの選択肢から選んでもらう形式で質問をしたとしよう.

このときに，賛成の割合と反対の割合に差があるかどうかを見たいという例は，「どちらともいえない」を無視するならば，通常の割合の差の検定となるが，「どちらともいえない」を無視しないときには，通常の割合の差の検定が使えないので注意する必要がある.

【特殊な例2】

ある施策に対する意見を

□ 賛成　　　□ 反対

の2つの選択肢から選んでもらう形式で大学生に質問をしたとしよう.

このときに，1年生から4年生までの全体の賛成の割合と，1年生だけの賛成の割合に差があるかどうかを見たいという例は，全体の中に1年生が含まれているので，通常の割合の差の検定が使えないことに注意する必要がある.

なお，1年生と2年生以上の2グループに分けて賛成の割合を比較するという方法も考えられる. この場合には2×2分割表に整理して，χ^2検定（通常の割合の差の検定）を行えばよい.

第8章
評定尺度の
集計と解析

　この章では，品物やサービスを段階的に評価する評定尺度法によって得られたデータを解析する方法を紹介する．評定尺度法のデータは順序尺度となる．順序尺度を扱う上での留意点についても述べる．

8.1 評定尺度法

8.1.1 評定尺度の集計とグラフ化

　事前に設定された段階評価に従って，品物や事象に点数を付けてもらう方法を評定尺度法という．このときに使われる段階的なカテゴリーを評定尺度と呼んでいる．評定尺度法で得られるデータはカテゴリーデータで，かつ，順序尺度のデータとなる．

　評定尺度法では4から10段階の等級が多く用いられ，特に，4から7段階がより多く用いられている．4段階で評価する方法を4件法，5段階ならば5件法などと呼んでいる．たとえば，次のような質問形式である．

■ 例1

商品Aについて，満足度の程度を次の5段階からお答えください．
　　5　非常に満足
　　4　満足
　　3　普通（どちらともいえない）
　　2　不満
　　1　非常に不満

　5件法を例1のように1から5とせずに，−2から2で表現する場合もある．

$$-2 \qquad -1 \qquad 0 \qquad 1 \qquad 2$$

このようにすると，平均値などを計算したときに，その符号がプラスであれば，好んでいる人が多く，マイナスであれば好んでいない人が多いということがわかりやすくなるという利点がある．ただし，1から5でも，−2から2でも，どちらも数字の間隔は1なので，最終的には同じ結論になる．

　一方，4件法のような偶数段階のときには注意が必要である．

4 3 2 1

と付けるところを,

2 1 −1 −2

とすると,1と−1の間隔が2となる.

評定尺度法により得られるデータは順序尺度の典型的な例といえる.

■ 集計表とグラフ

次のような集計表と人数の棒グラフを作成する(**図 8.1**).これは選択回答の場合と同じである.

	人数	割合
非常に不満	14	16.1%
不満	18	20.7%
普通	28	32.2%
満足	22	25.3%
非常に満足	5	5.7%

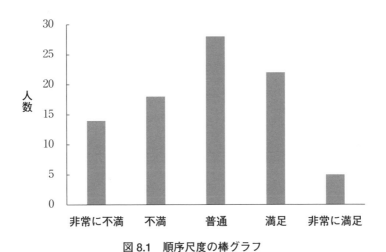

図 8.1　順序尺度の棒グラフ

　順序尺度の場合はカテゴリーに順序があるので，人数の多い順に並べ替えるというようなことはしないのが一般的である．

　割合(%)については円グラフの代わりに次のような帯グラフもわかりやすいであろう(**図8.2**，**図8.3**).

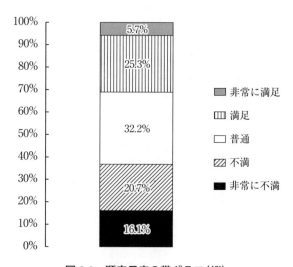

図8.2　順序尺度の帯グラフ(縦)

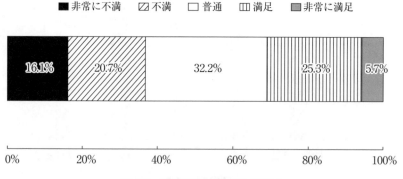

図8.3　順序尺度の帯グラフ(横)

8.1.2 比較に使うグラフの例

■ 例2

いま，A，B，Cという3つの会社が発売している化粧水があり，この商品の総合的な満足度を4段階で評価したとする．その結果が次の集計表である．

	不満	やや不満	やや満足	満足
A	16	40	27	7
B	10	13	40	47
C	18	65	34	13

この結果を割合(%)で示すと次のようになる．

	不満	やや不満	やや満足	満足
A	18%	44%	30%	8%
B	9%	12%	36%	43%
C	14%	50%	26%	10%

この集計結果をグラフで表現するには，帯グラフが適切である．例2の帯グラフは次のようになる（図8.4）．

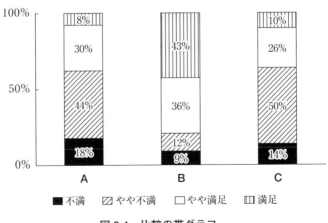

図8.4 比較の帯グラフ

さて，この4段階は不満客(1と2)，満足客(3と4)の2つに分けることもできる．そのことを表現するために，次のようなグラフも有効である(図8.5).

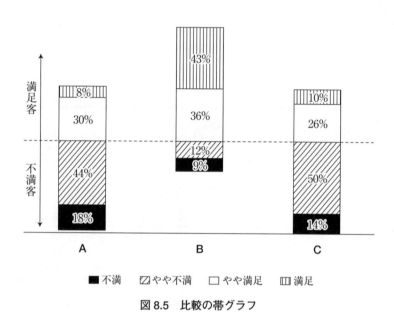

図8.5　比較の帯グラフ

5段階評価のときの集計表の例と同様なグラフの例を次に示そう(図8.6).

	非常に不満	不満	普通	満足	非常に満足
A	16	40	30	27	7
B	10	13	50	40	47
C	18	75	60	34	13

	非常に不満	不満	普通	満足	非常に満足
A	13%	33%	25%	23%	6%
B	6%	8%	31%	25%	29%
C	9%	38%	30%	17%	7%

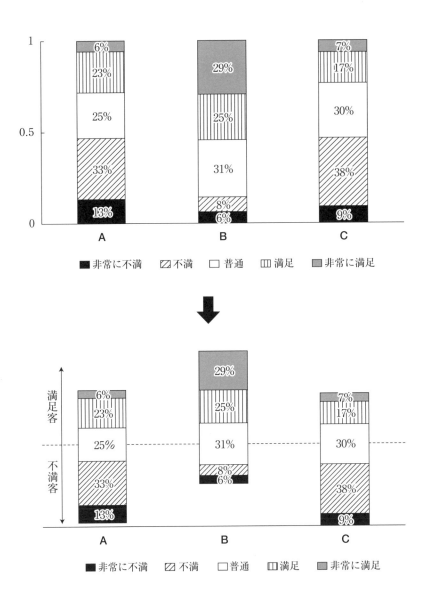

図 8.6　5 段階評価のときの比較の帯グラフ

8.2 順序尺度の処理

8.2.1 順序尺度の統計処理

■ 順序尺度を数量データとして扱う

　5段階評価のようなデータは順序に意味があっても，等間隔性が保証されているわけではないので，体重や身長などの数量データと同じように扱うことは避けるべきである．ただし，等間隔と「みなして」，数量データとして扱うほうが多変量解析などの高度な手法の適用範囲が広がることも事実である．このため，統計的には問題があるものの，数量データとして扱うという態度で解析することもある．そこで，平均値や標準偏差なども参考までに出しておくとよいだろう．例1を使うと次のとおりである．

	人数	割合
非常に不満	14	16.1%
不満	18	20.7%
普通	28	32.2%
満足	22	25.3%
非常に満足	5	5.7%

　ここで，

非常に満足 = 5

満足 = 4

普通 = 3

不満 = 2

非常に不満 = 1

として，数量と同じように扱って計算すると，次のような統計量が得られる．

平均値　　　2.84

標準偏差　　1.15

■ 数量データの変更

今度は次のように数値化して統計量を出してみる.

非常に満足 ＝　2

満足 ＝　1

普通 ＝　0

不満 ＝ －1

非常に不満 ＝ －2

このようにして，数量と同じように扱って計算すると，次のような統計量が得られる.

平均値　　　－0.16

標準偏差　　　1.15

先の結果と比べると，平均値が－3(2.84 － 3 ＝ －0.16)移動するだけで，標準偏差は変わらず，本質的には同じ結果となることがわかる.一方，このように表示することで，平均値の符号がマイナスとなっていることから，満足している人は不満に感じている人より少なそうだということがすぐにわかるという利点がある.

一方，4段階評価のときには注意が必要である.

いま，次のような集計結果が得られているとしよう.

	人数	割合
不満	5	10%
やや不満	17	34%
やや満足	18	36%
満足	10	20%

このときに，次に示す A と B の 2 通りの数値化を考える.

	A	B
満足 =	4	2
やや満足 =	3	1
やや不満 =	2	-1
不満 =	1	-2

A による数値化と B による数値化では統計量が次のようになり，標準偏差が異なってしまう. B のときは 1 と -1 の間隔が 2 になるからである.

	A	B
平均値	2.660	0.220
標準偏差	0.917	1.375

8.2.2　順序尺度の検定手法

■ ノンパラメトリック法

5 段階評価の順序尺度のデータに対してはノンパラメトリック法を使った統計処理を施すのが原則である. ノンパラメトリック法は次のような場面での適用が考えられる.

① データが順序尺度で得られているとき

② データが順位で得られているとき(第 7 章を参照)

③ 数量データであっても正規分布でないとき

④ データに外れ値が存在して，その外れ値を含めて解析したいとき

ところで，ノンパラメトリック法は質問が 1 つのときには用いられることは少なく，質問が 2 つ以上あって，性別による満足度の違いを見たいとか，品質の満足度と値段の満足度の関係を見たいというときによく用いられる. 具体的な適用例は次章で紹介する.

第9章
層別による 比較と解析

　この章では，データを何らかの基準で層別して，層間の違いを分析する方法を紹介する．層別されるデータは数量データの場合と，カテゴリーデータ(順序尺度)の場合に分けて解説する．

9.1　数量データの比較

9.1.1　数量データの層別とグラフ化

　年齢などの数量データを男女に層別するなどして複数のグループに分けて，グループ間で差があるかどうかを調べる方法を紹介する．

■ 層別グラフ

（1）　データの数が多いとき（サンプルサイズが大きいとき）のグラフ

　（注）　目安はデータ数が 50 〜 100 以上.

① 層別箱ひげ図

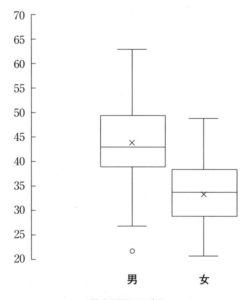

男女別箱ひげ図

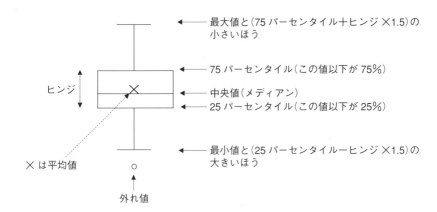

箱ひげ図の見方

② 層別ヒストグラム

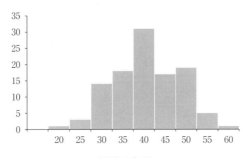

男性の年齢

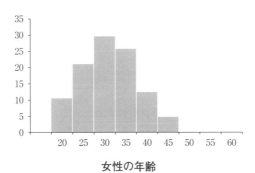

女性の年齢

(2)　データの数が少ないとき(サンプルサイズが小さいとき)のグラフ
（注）　目安は 50 未満.

①　層別ドットプロット

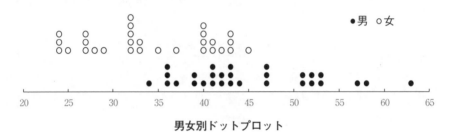

男女別ドットプロット

②　層別幹葉図

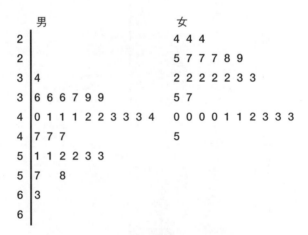

男女別幹葉図

9.1.2 統計解析

■ 例 1

【問1】あなたの性別をお答えください. 　（　男　・　女　）
【問2】あなたの年齢をお答えください. 　（　　　　　）歳

上記の2つの質問をして次のようなデータが得られたとしよう.

データ表

回答者	問1	問2	回答者	問1	問2
1	男	51	11	女	41
2	男	53	12	女	32
3	男	37	13	女	36
4	男	33	14	女	27
5	男	35	15	女	39
6	男	53	16	女	36
7	男	48	17	女	37
8	男	32	18	女	38
9	男	44	19	女	25
10	男	33	20	女	38

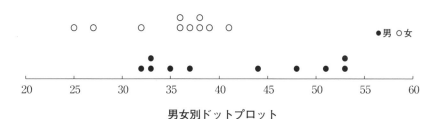

男女別ドットプロット

男女別の平均値と標準偏差は次のようになる.

	男	女
n	10	10
平均値	41.90	34.90
標準偏差	8.81	5.26

■ t 検定

男と女の平均値の差は $41.9 - 34.9 = 7$（歳）ということで，この差に統計学的な意味があるかどうかを検証する．このときに使われる手法が t 検定と呼ばれる手法である．t 検定の t は平均値の差が t 分布と呼ばれる分布に従うことから命名されている．逆の言い方をすれば，t 分布を使う検定はすべて t 検定ということになるので，ここでの使い方は「2 つの平均値の差に関する t 検定」と呼ぶことにする．t 検定の結果は p 値 $= 0.0448$ で 0.05 より小さいので有意となる．すなわち，男女の年齢の平均値には有意な差があるといえるという結論が得られる.

■ t 検定の種類

2 つの平均値の差に関する t 検定には次の 2 つの種類がある.

① 独立した 2 つの標本の平均値の差を検定するとき

② 対になる 2 つの標本の平均値の差を検定するとき

「独立した」というのは，この例のように男女を何の関係もなく選んでいる 2 つの標本のことである.

ところで，いま，夫婦の小遣いに差があるかどうかを調べたいという場合はどのようにデータを集めるだろうか．夫婦というペア（対）でデータを集めなければ意味がないであろう．また，左目と右目で視力に差があるかどうかを調べたいという場合はどのようにデータを集めるだろうか．同一人物の左目と右目をペア（対）にして視力のデータを集めるであろう．このような場合は，2 つの標本は無関係ではなく，対にしてデータを集めるので，対になる 2 つの標本の平均値の差に関する t 検定を適用する.

さて，①の場合，さらに2種類の t 検定が存在する．それは2つの標本の背後にある2つの母集団の分散(データのばらつき)が等しいと仮定するか，仮定しないかで t 検定における p 値の計算方法が異なるのである．分散が等しいと仮定するときには Student の t 検定，等しいという仮定を置かないときには Welch の t 検定が使われる．なお，単に t 検定というときには，Student の t 検定を指している．先の数値例では Student の t 検定を適用している．

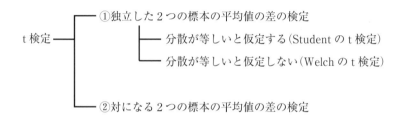

■ 等分散の仮定とF検定

母集団の分散が等しいという仮定を置くか置かないかは，事前に母集団の分散に関する情報があれば，それに従えばよいが，通常はそのような情報がないことが多く，標本から得られたデータの分散で判断することになる．このとき，2つの母集団の分散が等しいかどうかの検定という手法があり，それは等分散性のF検定と呼ばれる手法である．例1におけるF検定の結果は p 値 = 0.14 で 0.05 より大きいので，男女の分散に差があるとはいえないという結論になる．

■ 例2

【問1】あなたの血液型をお答えください．（A ・ B ・ O ・ AB）

【問2】あなたの1日当たりの夕食に要する時間をお答えください．（　　　）分

このような2つの質問をして次のようなデータが得られたとしよう.

データ表

回答者	問1	問2	回答者	問1	問2
1	A	90	11	O	60
2	A	80	12	O	55
3	A	90	13	O	65
4	A	80	14	O	70
5	A	70	15	O	75
6	B	65	16	AB	80
7	B	65	17	AB	70
8	B	70	18	AB	75
9	B	75	19	AB	80
10	B	80	20	AB	90

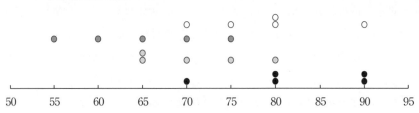

血液型別ドットプロット

	A	B	O	AB
n	5	5	5	5
平均値	82.0	71.0	65.0	79.0
標準偏差	8.37	6.52	7.91	7.42

■ 分散分析

t 検定は 2 つのグループの平均値に差があるかどうかを調べる方法であり,例 2 のように比べたいグループが 4 つあるときには使うことができない.この場合には分散分析と呼ばれる検定手法を適用することになる.分散分析とは,分散の違いの検定ではなく,分散を使った 2 つ以上の平均値の差の検定である.分散分析の結果は次のような分散分析表に整理するのが一般的である.

分散分析表

要因	平方和	自由度	分散	分散比	p 値
血液型	893.75	3	297.91667	5.1811594	0.0108301
誤差	920.00	16	57.5		
合計	1813.75	19			

p 値 = 0.01083 で 0.05 より小さいため,血液型は有意である.したがって,血液型によって食事に要する時間に差があるといえるという結論になる.

■ 多重比較

分散分析の検定はすべての平均値が等しいかどうかを見ているので,有意になっても,どの平均値間に差があるのかどうかは不明である.そこで,有意な差がある 2 つのグループを特定する分析手法が多重比較と呼ばれる手法である.多重比較には次のような手法が提案されている.

- Tukey(ターキー)の HSD 検定
- Scheffé(シェッフェ)の検定
- Duncan(ダンカン)の検定
- Bonferroni(ボンフェローニ)の検定
- LSD(最小有意差)

上記以外にも多数あり,どの手法を使うのがよいか迷うほどである.この中でもよく使われるのが Tukey の HSD 検定で,次にその結果を示す.

多重比較

従属変数：食事に要する時間

	血液型	血液型	平均値の差	p 値
Tukey HSD	A	B	11	0.141
		O	17*	0.013
		AB	3	0.922
	B	A	−11	0.141
		O	6	0.605
		AB	−8	0.371
	O	A	−17*	0.013
		B	−6	0.605
		AB	−14	0.045
	AB	A	−3	0.922
		B	8	0.371
		O	14*	0.045

* 平均値の差は 0.05 水準で有意.

多重比較の結果から，A と O，AB と O に有意な差が認められる．

9.2　順序尺度データの比較

9.2.1　順序尺度データの層別とグラフ化

5段階評価の満足度などの順序尺度のデータを男女に層別するなどして複数のグループに分けて，グループ間で差があるかどうかを調べる方法を紹介する．

■ 例3

次のような2つの質問をした．

【問1】あなたの性別をお答えください．（ 男 ・ 女 ）

【問2】商品Aの満足度を5段階でお答えください．

　　1　非常に不満

　　2　不満

　　3　普通（どちらともいえない）

　　4　満足

　　5　非常に満足

男女それぞれ45人ずつに聞いた結果，次のような集計結果が得られたとしよう．

	男	女
1	3	6
2	5	13
3	17	14
4	11	7
5	9	5
合計	45	45

■ 層別グラフ

① 棒グラフ

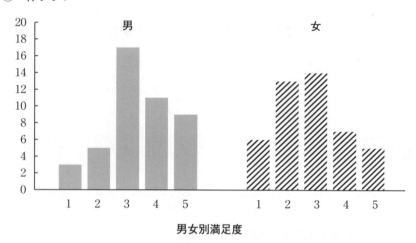

男女別満足度

② 帯グラフ

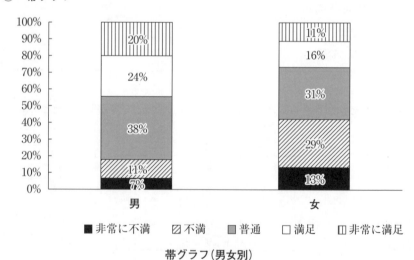

■非常に不満　⊿不満　■普通　□満足　⊞非常に満足

帯グラフ（男女別）

この帯グラフを変形した形も考えられる.

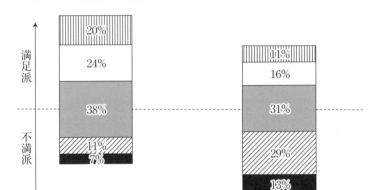

帯グラフ（男女別）の変形

こうすると，男性のほうが満足度が高いことが読み取れる.

③ モザイク図

　この例では男女の人数が同じであるが，各グループの人数が異なるときは，その人数に応じて帯の幅を変えるモザイク図も有用なグラフである．仮に，男性が女性の2倍の人数いるとしたときには，次のようなモザイク図となる.

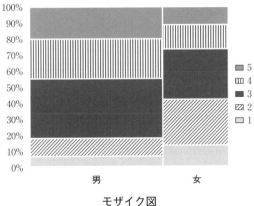

モザイク図

9.2.2 統計解析

■ Mann-Whitney 検定

5段階評価のような順序尺度のデータはカテゴリーデータに属するものなので，身長や体重などの数量データと同じように扱うのは理論上適切ではない．

（注）　実務上は数量データとみなして扱うことも行われている．

このようなデータの解析にはノンパラメトリック法を適用するのが適切な解析方法である．例3では男と女の満足度に差があるかどうかを調べることが解析の目的となり，このようなときのノンパラメトリック法として用いられるのが Mann-Whitney（マンホイットニー）検定と呼ばれる方法である．この方法は Wilcoxon（ウィルコクソン）順位和検定とも呼ばれている．

帰無仮説と対立仮説は次のように設定される．

帰無仮説 H_0：男と女の満足度の中心位置は等しい

対立仮説 H_1：男と女の満足度の中心位置は等しくない

この検定の結果は次のように得られる．

Mann-Whitney の U	727.500
Wilcoxon の W	1762.500
Z	-2.374
p 値	0.018

p 値 = 0.018 で 0.05 よりも小さい．したがって，男女の満足度の中心位置には差があるという結論になる．

■ t 検定 vs Mann-Whitney 検定

このデータを数量データをみなして解析するならば，t 検定を用いることになる．まずは，数量データとして平均値と標準偏差を算出してみると，次のような結果が得られる．

	n	平均値	標準偏差
男	45	3.40	1.136
女	45	2.28	1.193

t 検定の p 値は 0.0208 で 0.05 より小さく，男女の平均値には有意な差があるという結論が得られる．

この例では同じ結論となったが，常に同じ結論になるとは限らないので注意が必要である．

t 検定はデータ(この例では満足度)が正規分布に従っているという仮定の下で検定が行われるのに対して，Mann-Whitney 検定では正規分布という特定の分布を仮定しないところが大きく異なる点である．なお，身長や体重などの数量データのときにも Mann-Whitney 検定を利用することができる．

データの分布	t 検定	Mann-Whitney 検定
正規分布	適用可能　○	適用可能　△
非正規分布	適用不可　×	適用可能　○

このようにして見ると，Mann-Whitney 検定は正規分布のときも，そうでないときも適用可能なので，常に Mann-Whitney 検定を使えばよいという考え方もあり得る．ただし，データの数が少ないときの Mann-Whitney 検定は t 検定と比べると，検定の精度(検出力)が若干落ちることに注意したほうがよい．

■ 分散分析のノンパラメトリック版

Mann-Whitney 検定は比べるグループが2つのときに限られる．3つ以上のグループを比較したいときには Mann-Whitney 検定を適用することができない．これは t 検定が2つのグループの比較に限定され，3つ以上のときには分散分析を適用しなければならないことと似ている．3つ以上のグループの比較に使えるノンパラメトリック法を紹介しよう．

■ 例4

次のような2つの質問をした.

【問1】あなたの所属する部署をお答えください.

製造　　研究　　総務　　営業

【問2】自分が与えられた仕事の満足度を5段階でお答えください.

1　非常に不満

2　不満

3　普通(どちらともいえない)

4　満足

5　非常に満足

各部署それぞれ30人ずつに聞いた結果, 次のように集計結果が得られたとしよう.

満足度	製造	研究	総務	営業
1	1	3	2	2
2	2	10	9	2
3	14	11	12	10
4	7	4	6	9
5	6	2	1	7
合計	30	30	30	30

参考までに数量データ扱いした場合の平均値と標準偏差を以下に示す.

部署	n	平均値	標準偏差
営業	30	3.57	1.135
研究	30	2.73	1.048
製造	30	3.50	1.009
総務	30	2.83	0.950

グラフは以下のようになる.

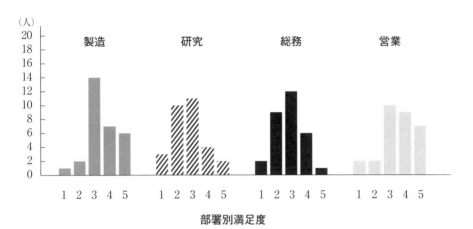

部署別満足度

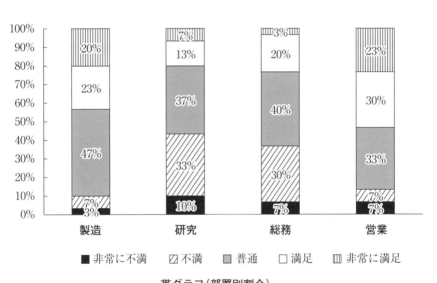

帯グラフ（部署別割合）

この帯グラフを変形した形も考えられる.

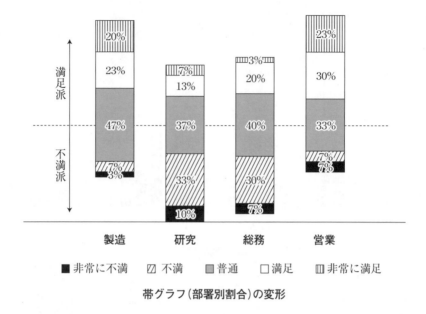

帯グラフ（部署別割合）の変形

製造と営業の満足度が高く，研究と総務の満足度が低くなっていることが読み取れる．

■ Kruskal-Wallis 検定

中心位置を比較するグループの数が2つのときには Mann-Whitney 検定が用いられるのに対して，グループの数が3つ以上のときには Kruskal-Wallis（クラスカル・ウォリス）検定が使われる．例4に適用した結果は次のようになる．

Kruskal-Wallis の $H(K)$	15.341
自由度	3
p 値	0.002

p 値 = 0.002 で，有意であり，4つの部署には差があるといえるという結論が得られる．

第10章
関係の解析

　この章では，2種類のデータ同士の関係を解析する方法を解説する．2種類のデータ同士の関係は数量データ同士の関係を見るときと，カテゴリーデータ同士の関係を見るときで，解析手法が異なるので，それぞれ分けて解説する．

10.1 数量データの関係の分析

10.1.1 数量データと数量データの関係

■2つの質問の関係

　アンケート調査において，2つの質問の間に関係があるかないかを見たいという状況は多く存在する．このときに行われる分析は2つの各質問がどのような種類のデータであるかによって異なり，次の3つのパターンに分かれる．

　① 数量データと数量データの関係

　② カテゴリーデータとカテゴリーデータの関係

　③ 数量データとカテゴリーデータの関係

　①の数量データと数量データの関係とは，年齢と年収の関係を見たいというような場合で，この分析をするときには，相関分析が行われる．相関分析は散布図の作成と相関係数の算出が基本となる．

　②のカテゴリーデータとカテゴリーデータの関係とは，性別と趣味の関係を見たいというような場合で，この分析をするときには，最初にクロス集計が行われる．クロス集計の結果は分割表あるいはクロス集計表と呼ばれる集計表に整理され，さらに χ^2 検定などの統計解析が行われる．

　③の数量データとカテゴリーデータの関係とは，年収と性別の関係を見たいというような場合で，この分析をするときには，年収を性別で層別して，年収の平均値を男女で比較することが行われる．すなわち，数量データをカテゴリーデータで層別して，分けられた数量データの平均値を比較することで，関係を分析することになる．これは第9章の層別と比較で述べた方法を用いることになる．ただし，因果関係を分析するときには，次のような2つのパターンがあり得ることに注意する必要がある．

　① 原因がカテゴリーデータで，結果が数量データ

　② 原因が数量データで，結果がカテゴリーデータ

■ 例1

次のような2つの質問をした.

| 【問1】あなたの年齢をお答えください.（　　　　）歳 |
| 【問2】あなたの年収をお答えください.（　　　　）十万円 |

成人30人に聞いた結果，次のように結果が得られたとしよう.

データ表

回答者	年齢	年収	回答者	年齢	年収
1	49	55	16	43	54
2	38	46	17	47	50
3	37	44	18	27	38
4	61	66	19	56	53
5	34	48	20	34	45
6	44	50	21	47	52
7	35	47	22	55	62
8	51	51	23	54	54
9	45	52	24	49	49
10	38	49	25	51	50
11	42	43	26	48	46
12	47	53	27	62	60
13	50	49	28	44	52
14	28	42	29	37	46
15	50	53	30	40	48

問1の年齢，問2の年収はいずれも数量データである.

■ 散布図

　数量データ同士の関係を見るときのグラフに最も適しているのは次に示すような散布図である（**図 10.1**）．2種類の数量データが原因と結果の関係にあるときには，原因を横軸，結果を縦軸にするのが原則である．また，できるだけ正方形の範囲でデータが散らばるように目盛りをとるほうがよい．

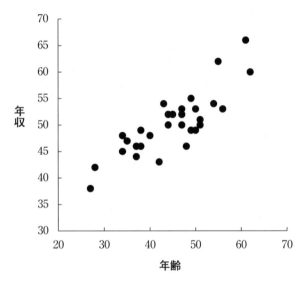

図 10.1　年齢と年収の関係

　散布図を見ると，右肩上がりに点が散らばっている．このような状態になるときには，年齢と年収には正の相関があるという．正の相関とは，一方のデータの値が大きくなると，もう一方のデータの値も大きくなる傾向があるという関係が見られることを意味している．正の相関とは逆に，一方のデータの値が大きくなると，もう一方の値のデータの値は小さくなるという傾向があるときには，負の相関があるという言い方をする．負の相関のときには，散布図上の点は右肩下がりになる．正の相関，負の相関のどちらの関係も見られないときには相関なし，あるいは無相関という言い方をする．

| 正の相関 | 無相関 | 負の相関 |

■ いろいろな散布図

散布図上の点を男女で分けるような層別散布図（図 10.2）や，回答者番号を表示するような識別散布図（図 10.3）も使われる．

① 層別散布図

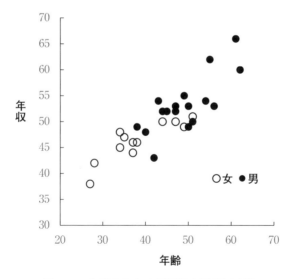

図 10.2 年齢と年収の層別散布図（男女別）

② 識別散布図

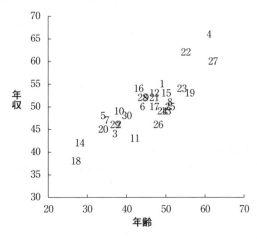

図 10.3 年齢と年収の識別散布図（回答者番号）

③ 散布図行列

3つ以上の項目を散布図で表現するときには，散布図行列（図 10.4）が有効である．

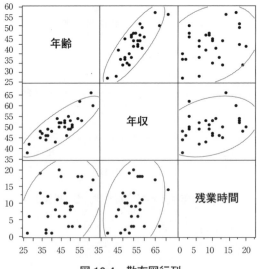

図 10.4 散布図行列

10.1.2 統計解析

■ 相関係数

相関関係の有無を数値的に把握するための統計量として相関係数がある．相関係数は通常 r という記号で表される．r は -1 から 1 の間の値になる．

$$-1 \leqq r \leqq 1$$

正の相関があるときには相関係数の値はプラス($r > 0$)となり，負の相関があるときには相関係数の値はマイナス($r < 0$)となる．相関がないときには 0 近辺($r \fallingdotseq 0$)の値になる．0 に近いほど相関関係は弱く，1 に近いほど正の相関関係が強く，-1 に近いほど負の相関関係が強いことを意味している．したがって，相関関係の強さは $|r|$ または r^2 の値で判断することになる．

例 1 の相関係数を計算すると $r = 0.8372$ となり，正の相関関係があると判断される．

■ 無相関の検定

例 1 の相関係数は $n = 30$ のデータから求めたもので，データを増やせば，この結果も変わってくる．そこで，母集団の相関係数(母相関係数と呼び，ρ と表す)が 0 かどうかを検定しておく必要がある．仮説は次のようになる．

帰無仮説 H_0：$\rho = 0$(母相関係数は 0 である→相関なし)

対立仮説 H_1：$\rho \neq 0$(母相関係数は 0 ではない→相関あり)

このような検定を行うことを無相関の検定と呼んでいる．例 1 の検定結果は p 値 < 0.0001 で有意であるという結論が得られる．参考までに $n = 30$ のときには $r = 0.36$ だと有意にならない．

■ 母相関係数の信頼区間

母相関係数 ρ の 95% 信頼区間を求めると，相関係数の値の信頼性を評価することができる．この例では次のようになる．

$$0.68 < \rho < 0.92$$

■ 相関係数の留意点

相関係数は外れ値の影響を受けやすいので，散布図も同時に吟味する必要がある．図 10.5 のように外れ値が存在すると，0.837 であった相関係数が 0.254 と大きく変化する．

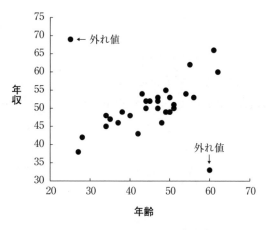

図 10.5　年齢と年収の関係

また，2 次曲線の関係にあるようなときには，「関係は強いが相関係数は 0 に近くなる」という現象を引き起こす（図 10.6）．

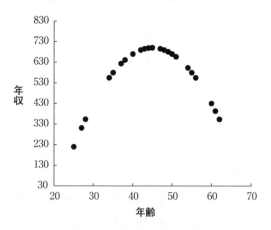

図 10.6　年齢と年収の関係

　散布図行列は変数の数が多いときには，下に示すように必ずしも見やすいグラフとはいえない．このようなときには相関関係の強さを色で表現するカラーマップを併用するとよいだろう．

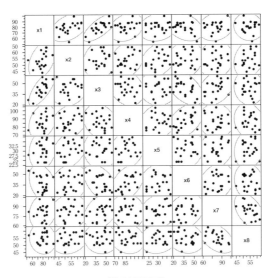

散布図行列

↓

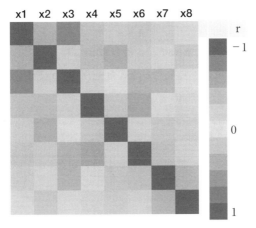

相関のカラーマップ

10.2 カテゴリーデータの関係の分析

10.2.1 名義尺度と名義尺度の関係

■ 例2

次のような2つの質問を成人200人にした.

【問1】あなたの性別をお答えください.　　　（　男　・　女　）

【問2】商品AとBではどちらが好きですか.（　A　・　B　）

この結果を次のような集計表に整理した.

	商品A	商品B	計
男	66	44	110
女	38	52	90
計	104	96	200

■ 分割表（クロス集計表）

　問1と問2を組み合わせて集計することをクロス集計と呼び，その結果を行列の形式で整理した表を分割表あるいはクロス集計表と呼んでいる．例2の場合は，行が性別の2行，列が好む商品で2列になっているので，行数と列数を明記して，2×2分割表と丁寧に呼ぶこともある．

　分割表を割合（%）で表現する場合，次の3通りが考えられる．

①　行の合計（行計）で割る.

②　列の合計（列計）で割る.

③　すべての合計で割る.

比べたいものは何かという観点から使い分ければよい.

　男と女で好みが異なるかどうかを見たいのであれば，行の合計(行計)で割る表になる.

	商品 A	商品 B	計
男	60%	40%	100%
女	42%	58%	100%

　商品 A を好む人と商品 B を好む人の男女の割合が異なるかどうかを見たいのであれば，列の合計(列計)で割る表になる.

	商品 A	商品 B
男	63%	46%
女	37%	54%
計	100%	100%

　組み合わせたときの分布を見たいのであれば，全体の合計で割る表になる.

	商品 A	商品 B	計
男	33%	22%	
女	19%	26%	
計			100%

■ グラフ化

分割表の視覚化には次のようなグラフが有効である.

① 折れ線グラフ(**図 10.7**)

② 棒グラフ(**図 10.8**)

③ 帯グラフ(**図 10.9**)

④ モザイク図(**図 10.10**)

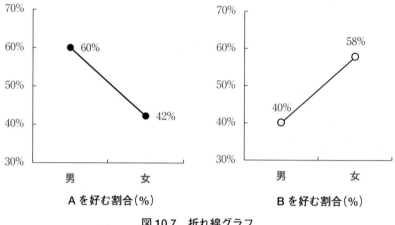

図 10.7　折れ線グラフ

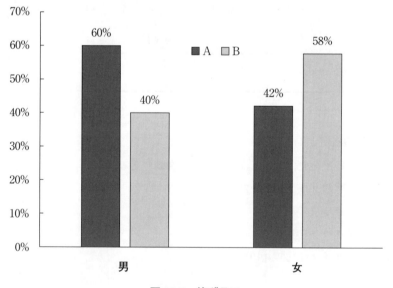

図 10.8　棒グラフ

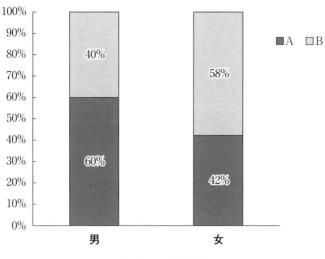

図10.9 帯グラフ

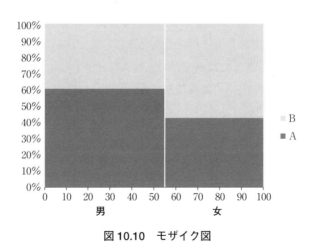

図10.10 モザイク図

　いずれのグラフにおいても，男は商品Aを好み，女は商品Bを好む傾向があることが読み取れる．

10.2.2　統計解析

■ χ^2 検定

分割表の検定には χ^2 検定が用いられる．この検定は行の項目と列の項目に関係があるかないかを検証するものである．例2では性別と商品の好みの関係を見ていることになる．したがって，仮説は次のように設定される．

> 帰無仮説 H_0：性別と商品の好みは独立である　→ 関係なし
>
> 対立仮説 H_1：性別と商品の好みは独立ではない → 関係あり

例2の χ^2 検定の結果は次のようになる．

> p 値 = 0.012

p 値 < 0.05 で有意であるという結論が得られる．すなわち，性別と商品の好みには関係があるということになる．どのような関係があるかというと，男は商品 A を好み，女は商品 B を好むという傾向があるという結論になる．

■ Yates の補正

χ^2 検定の計算過程で，期待度数と呼ばれる理論値が計算される．この値は帰無仮説 H_0 が成立していると仮定したときに，男で商品 A または B を好む人の人数，女で商品 A または B を好む人の人数を示すものである．χ^2 検定はこの期待度数と実際に得られた度数との差が大きいか小さいかを調べる検定である．このときに使われるのが χ^2 分布であるが，χ^2 分布の近似精度をよくするために Yates（イエーツ）の補正と呼ばれる方法で χ^2 の値に補正をかけることも行われる．多くの統計ソフトでは Yates の補正をしたときの p 値も同時に出力される．補正をしたときのほうが p 値は大きくなり，有意になりにくくなる．

例2において Yates の補正をしたときの p 値は次のような値になる．

> p 値 = 0.018　（Yates の補正あり）

なお，Yates の補正は保守的すぎる（有意になりにくくなる）ということで，この利用には批判的な意見もある．Yates の補正は連続修正とも呼ばれる．

■ 正確確率検定

χ^2検定は期待度数と実際の度数との乖離を χ^2分布に近似させて計算していることから、データの数が少ないときには得られた p 値は信用できない数値になる。そこで、近似を使わずに直接に確率を求めて p 値を計算する正確な方法を用いることがある。この方法は Fisher（フィッシャー）の直接法とか、直接法による正確確率検定などと呼ばれている。例 2 の場合は次のような p 値になる。

p 値 = 0.016　（直接法）

期待度数が 5 未満のときには直接法による正確確率検定を用いるほうがよいであろう。この例を以下に示す。

	商品 A	商品 B	計
男	8	2	10
女	3	7	10

この分割表に対する検定結果は次のようになる。

p 値 = 0.025

p 値 = 0.072　（Yates の補正あり）

p 値 = 0.070　（直接法）

χ^2検定では有意になるが、直接法による正確確率検定では有意になっていない。

ところで、期待度数が 5 以上であっても、データの数がアンバランス（男の人数と女の人数が大きく異なる）なときも χ^2検定の結果と直接法による正確確率検定の結果に乖離が見られる。以下にその例を示そう。

	商品 A	商品 B	計
男	66	44	110
女	4	9	13

　このときの期待度数はすべて 5 以上である．しかし，次のように検定結果が大きく異なる．

　　　p 値 = 0.044

　　　p 値 = 0.086　（Yates の補正あり）

　　　p 値 = 0.073　（直接法）

　期待度数だけでなく，実際の度数にも 5 未満があるときには，直接法による正確確率検定を用いるほうが無難であろう．

■ χ^2 検定と割合の差の検定

　2×2 分割表の検定の仮説は行と列が独立かどうかを調べていることになるが，男と女で商品 A を好む割合（または商品 B を好む割合）に差があるかどうかを調べていることと同等となる．

　　　　帰無仮説 H_0：性別と商品の好みは独立である

　　　　対立仮説 H_1：性別と商品の好みは独立ではない

　　　　　　　　　　　　　　↓

　　　　帰無仮説 H_0：男で商品 A を好む割合 ＝ 女で商品 A を好む割合

　　　　対立仮説 H_1：男で商品 A を好む割合 ≠ 女で商品 A を好む割合

　　　　　　　　　　　（あるいは）

　　　　帰無仮説 H_0：男で商品 B を好む割合 ＝ 女で商品 B を好む割合

　　　　対立仮説 H_1：男で商品 B を好む割合 ≠ 女で商品 B を好む割合

(注1)　行と列が独立であるとは，何の関係もないという意味である．逆に，独立ではないとは，何らかの関係があるという意味である．

(注2)　2 つの割合の差の検定と呼ばれる検定がある．これは正規分布を利用した検定である．そして，この検定は 2×2 分割表における χ^2 検定と同じである．

■ 割合の違いとオッズ比

例2で示した2×2分割表をもとに算出した割合(%)の表を再掲する.

	商品 A	商品 B	合計
男	60%	40%	100%
女	42%	58%	100%

%表示ではなく,実数で表示すると次のようになる(計算の説明上,そのようにしただけである).

	商品 A	商品 B	合計
男	0.6	0.4	1
女	0.422	0.578	1

さて,商品Aを好む人の割合が男女でどの程度「違うか」を見るためには,割合の差を使うのが一般的であるように思われるが,割合の比で見ることもよく行われている.

	商品 A	商品 B	合計
男	0.6	0.4	1
女	0.422	0.578	1
男女の差	0.178	−0.178	
男女の比	1.422	0.692	

男女に違いがなければ,差は0となり,比は1となる.比が1.422であるということは,男は女に比べて,商品Aを好む割合が1.422倍になるということを意味している.ここで,商品Bを好む人の割合に注目すると,差で見た場合は符号が逆になるだけで,結論は変わらない.一方,比で見た場合は商品Bを好む人の割合は0.692となり,これは男は女に比べて,商品Bを好む割合が0.692倍になるということを意味している.以上のことは次のように整理される.

　　商品Aを好む割合は男は女に比べて1.422倍になる.

　　商品Bを好む割合は男は女に比べて0.692倍になる.

1.422 の逆数(1/1.422)は 0.703 となり，0.692 とは一致しない．すなわち，逆数関係が成立しないということに注意する必要がある．このようなことが起きないのがオッズ比と呼ばれる数値で，オッズ比は割合の値が小さいときにはリスク比の代わりにも使われている．さらに，オッズ比はデータをどのように取得したかにかかわらず使えるという利点がある．たとえば，商品Aが好きな人を 50 人，商品Bが好きな人を 50 人集めてきて，男か女かを調べた場合，商品Aが好きな割合と商品Bが好きな割合の差や比は意味をなさないであろう．しかし，オッズ比は利用できるのである．オッズ比とは文字通り，オッズ同士の比である．

オッズは次のように計算される．

オッズ＝(当たる確率)/(当たらない確率)

この例ならば，次のとおりである．

オッズ＝(商品Aを好む割合)/(商品Bを好む割合)

このオッズを男の場合と女の場合に分けて計算して，その比を求めたものがオッズ比となる．

	商品 A	商品 B	合計
男	0.6	0.4	1
女	0.422	0.578	1
男女の差	0.178	-0.178	
男女の比	1.422	0.692	
商品 A に注目したとき			
男のオッズ	1.5　＝0.6÷0.4		
女のオッズ	0.730 ＝0.422÷0.578		
オッズ比	2.055		
商品 B に注目したとき			
男のオッズ	0.667 ＝0.4÷0.6		
女のオッズ	1.370 ＝0.578÷0.422		
オッズ比	0.487		

■ 関係の強さの指標

　数量データ同士の関係の強さを相関係数という数値で把握したのと同じように，カテゴリーデータ同士の関係の強さについても，数値で把握することができる．このときに最も頻繁に使われるのが ϕ 係数と連関係数 V（クラメールの V とも呼ばれている）である．ϕ 係数は $-1 \sim 1$ の範囲の値をとり，$|\phi|$ が 1 に近いほど強い関係を示している．連関係数 V は $0 \sim 1$ の範囲の値となり，1 に近いほど強い関係を示している．以下に分割表の例をいくつか取り上げて，ϕ 係数や連関係数 V の値を示そう．

① 2 × 2 分割表の例

【例 1】

	A	B
男	10	0
女	0	10

➡　$\phi = 1$

【例 2】

	A	B
男	9	1
女	1	9

➡　$\phi = 0.8$

【例 3】

	A	B
男	5	5
女	5	5

➡　$\phi = 0$

【例 4】

	A	B
男	10	0
女	5	5

➡　$\phi = 0.577$

②　r×c分割表（2×2以外の分割表）の例

【例5】2×3分割表

	A	B	C
男	15	15	0
女	0	0	30

➡　$V = 1$

【例6】2×3分割表

	A	B	C
男	20	10	0
女	0	10	20

➡　$V = 0.816$

【例7】4×3分割表

	A	B	C
小学生	10	10	10
中学生	20	20	20
高校生	10	10	10
大学生	10	10	10

➡　$V = 0$

【例8】4×3分割表

	A	B	C
小学生	30	13	7
中学生	6	24	6
高校生	10	45	15
大学生	12	11	10

➡　$V = 0.318$

　なお，カテゴリーデータ同士の関係の強さを見るための指標としては，ϕ係数や連関係数 V のほかにも，さまざまなものが提案されている．

10.2.3 *r×c* 分割表の統計解析

■ χ^2 検定

10.2.2 項では分割表の検定には χ^2 検定が用いられることを紹介した．その際に取り上げた分割表は 2×2 分割表であったが，χ^2 検定は 2×2 以外の分割表（本書では *r×c* 分割表と表すことにする）にも，適用することができる．以下に数値例を示そう．

小学生，中学生，高校生，大学生の 4 つのグループに対して，3 つの商品A，B，Cを提示して，どれが最も好きかを問うアンケート調査を実施したとする．その結果を集計して整理した表が次の 4×3 分割表である．

4 × 3 分割表

	商品 A	商品 B	商品 C	計
小学生	30	13	7	50
中学生	6	24	6	36
高校生	10	45	15	70
大学生	12	11	10	33
計	58	93	38	189

（注）　この表は先の **10.2.2** 項で示した分割表の例と同じものである．

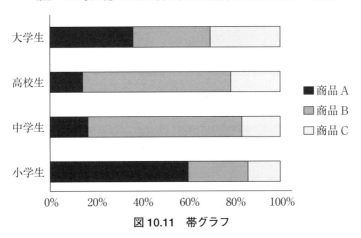

図 10.11　帯グラフ

　この表あるいは帯グラフから読み取りたいことは，行（4つのグループ）と列（好む商品）には関係があるかどうか，言い換えれば，4つのグループ間で商品の好みに差があるかどうかである．**図10.11**から小学生は商品A，中学生と高校生は商品Bを好んでいる傾向があることが読み取れる．さて，その傾向が誤差の範囲かどうか，各グループの人数を増やしても同じように差が出るのかどうかを見る必要がある．そこでχ^2検定を適用することになる．この場合のp値＝0.000＜0.05となり，有意となる．したがって，4つのグループの間には商品の好みに差があるといえるという結論が得られる．

■ 残差の検討

　χ^2検定の結果から4つのグループの間に差があるということがわかったが，このままでは，どういう差があるのか，すなわち，各グループにはどのような差があるのかまではわからない．このときに役立つのが残差の検討である．適用したχ^2検定における残差とは，グループ間に差がないと仮定したときに期待される度数（人数）と実際の人数との差のことである．ただし，実際の検討に使われる残差は「調整化された残差」と呼ばれるもので，次のような計算結果が得られる．

調整化された残差

	商品A	商品B	商品C
小学生	5.2	− 3.8	− 1.3
中学生	− 2.0	2.3	− 0.6
高校生	− 3.7	3.2	0.3
大学生	0.8	− 2.0	1.6

　この数値が1.96以上，または，−1.96以下のセルが特徴的と判断する．調整化された残差がプラスで1.96以上ならば多い，マイナスで1.96以下ならば少ないという特徴を示している．たとえば，小学生は商品A好きが多く，商品B好きは少ないと読み取ることができる．このようにして特徴を見ていくことになる．

10.2.4 順序尺度と順序尺度の関係

■ 例3

成人200人に次のような2つの質問をした.

【問1】 商品Aのデザインについて満足度を5段階でお答えください.

【問2】 商品Aの総合的な満足度を5段階でお答えください.

   5 非常に満足

   4 満足

   3 どちらともいえない(普通)

   2 不満

   1 非常に不満

問1と問2の関係,すなわち,デザインの満足度と総合満足度の関係を把握したい.これは順序尺度と順序尺度の関係を見ることになる.この場合も名義尺度同士の関係を見るときに用いた分割表を使って次のように整理することができる.

順序尺度同士の分割表

		問2				
		5	4	3	2	1
	5	19	8	8	3	2
	4	8	21	8	8	1
問1	3	4	7	25	9	4
	2	2	5	9	13	2
	1	2	3	8	10	11

この場合のグラフ化には帯グラフよりも散布図が適している.ただし,通常の散布図では,点が25個(5段階×5段階)並んでいるだけの散布図になりやすく,散布図を応用したバブルチャートが適している(図10.12).円の大きさで度数(人数)を表現するようにした散布図の一種と考えるとよいだろう.

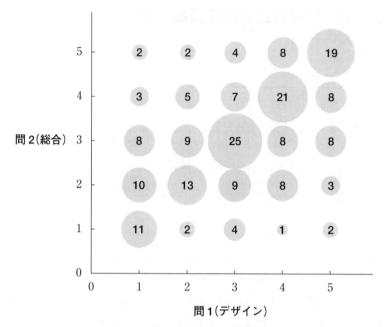

図10.12　問1と問2のバブルチャート

　対角線上の円が大きく，かつ，右上がりになっているので，正の相関がある
ということがわかる.

　相関の強さを数値で把握するには，順位相関係数が適している. この例では
以下のような結果が得られて，正の相関があることがわかる.

Kendall の順位相関係数　　　0.407　（p 値 = 0.000 < 0.05）

Spearman の順位相関係数　　0.476　（p 値 = 0.000 < 0.05）

第11章

多変量解析の活用

　この章では多変量解析と呼ばれる統計的方法を紹介する．多変量解析は3つ以上の質問に対する回答データをまとめて一度に解析するときに使われる方法である．多変量解析の方法は予測や説明を解析目的とするときと，要約や分類を解析目的とするときで使い分ける必要がある．それぞれの目的に適した方法を説明して，代表的な手法による解析事例を紹介する．

11.1 予測と説明のための多変量解析

11.1.1 多変量解析の方法

■ 多変量解析の使い方

　多変量解析とは3つ以上の質問に対する回答を合併して一度に解析してしまうときに使われる手法である．アンケート調査における質問は変数と呼ばれている．体重と身長と血液型の3つの質問をしたときには，3つの変数が存在するデータということになる．変数の数が3つ以上あるデータを多変量データと呼んでいて，多変量データを解析するための手法，あるいは，解析する行為自体を多変量解析と呼んでいる．

　多変量解析の手法は解析の目的によって，大きく次の2つに分けることができる．

　　①　予測あるいは説明を目的とする手法
　　②　要約あるいは分類を目的とする手法

　上記の各目的の中にも，さらに，データの性質によって，手法を使い分ける必要がある．

　①の予測を目的とするときとは，複数の質問があり，その中の1つに重要視する質問があって，残りの質問で，その重要視している質問の回答を予測できるかどうかを検証したいという場合である．たとえば，年収と年齢と職業の3つの質問をしたとしよう．重要視しているのは年収とする．このとき，年収の回答結果を年齢と職業の回答結果で予測できるかどうかを検証したいという場合である．このとき，予測したいと考えている年収を「目的変数」と呼び，予測するのに使う変数を「説明変数」と呼ぶ．なお，年収を予測したいということではなく，年収は年齢と職業でどの程度決定されるかということに興味があるという場合にも，同じ手法が使われる．予測できるということは説明がつく（説明がつくということは予測できる）と考えるのである．

　②の要約を目的とするときとは，複数の質問の中のある特定の質問を重要視

しているのではなく，すべての質問が同程度に重要と考えていて，これらの質問の回答結果にもとづいて，それらの結果を要約した新たな変数を作り出そうということを目的としている場合である．たとえば，商品に関するいくつかの質問をしたとして，それらの質問に対する回答結果を使って，商品の総合的な評価ができるような変数（合計点のようなもの）を作り出そうという場面である．また，そのような新しい変数ができれば，その変数の値で商品や回答者を分類するのが容易になるので，要約のための手法は分類のための手法としても使われるのである．なお，この目的で使われる手法には，目的変数と説明変数という区別はない．すべてが目的変数といってもいいであろう．

■ 多変量解析の手法

　アンケート調査で得たデータの解析に有効な多変量解析の手法を解析目的別に列挙しておく．

【予測・説明のための手法】

①　重回帰分析

②　ロジスティック回帰分析

③　判別分析

④　決定木分析

　上記の4つの手法に共通しているのは目的変数が存在するということであり，目的変数のデータが数量かカテゴリーかで手法を使い分けることになる．目的変数が数量のときには①の重回帰分析が使われ，目的変数がカテゴリーのときには②のロジスティック回帰分析か③の判別分析が使われる．医療系ではロジスティック回帰分析，心理学やマーケティングの分野では判別分析が多く使われているようである．④の決定木分析というのは機械学習の分野においても代表的な手法として紹介されている．この手法は目的変数が数量とカテゴリーのどちらに場合にも使うことができる．ただし，この手法は大量のデータ（少なくとも300人以上の回答者）があるときに適している．

【要約・分類のための手法】

⑤　主成分分析

⑥　因子分析

⑦　クラスター分析

⑧　対応分析

　上記の4つの手法に共通しているのは目的変数と説明変数という区別が存在しないこと(すべてが目的変数)である．⑤の主成分分析と⑥の因子分析は新しい変数を作り出して，その変数の値で商品や回答者を分類する方法である．⑦のクラスター分析は新しい変数を作り出すことはしないで，回答結果から回答者同士の近さ(類似性)を計算して，似ている回答者同士をまとめてグループをつくるという手法である．⑧の対応分析は質問項目のすべてがカテゴリーデータであるときに使われる手法である．

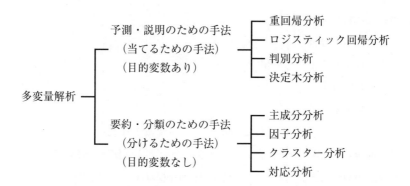

　(注)　ここまで紹介した手法のほかに，多次元尺度構成法や数量化理論と呼ばれる手法もアンケート調査の解析には有効である．なお，数量化理論には数量化Ⅰ類，Ⅱ類，Ⅲ類，Ⅳ類があり，数量化Ⅰ類は重回帰分析，Ⅱ類は判別分析，Ⅲ類は対応分析と数学的に同等な手法である．

11.1.2　重回帰分析

■ 例 1

　ある電機製品 A について，ユーザーの満足度を次に示すような 6 項目（問 1 から問 6 まで）について，7 段階の評定尺度でアンケート調査した．また，再購入の予定があるかどうかの質問も併せて実施した．

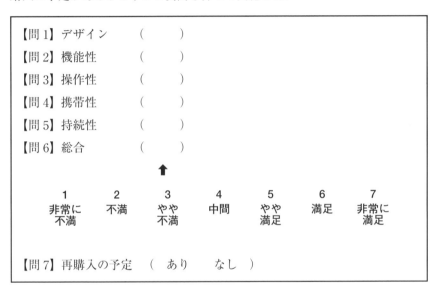

　問 6 の総合満足度を問 1 から問 5 の 5 つの個別満足度でどの程度まで説明できるかが解析の目的である．そこで，問 6 の回答結果を目的変数，問 1 から問 5 の各回答結果を説明変数として，重回帰分析を適用する．この例で用いるデータは次頁に示す．

　　（注 1）　回答者の数を 20 としている．実務的には説明変数の数の最小でも 4 倍，できれば 10 倍の回答者数は用意すべきである．

　　（注 2）　この解析の目的は 5 つの個別満足度で総合満足度をどの程度まで予測することができるかを検証することだと言い換えることもできる．

データ表

回答者	デザイン	機能性	操作性	携帯性	持続性	総合	再購入
1	7	5	3	3	6	6	あり
2	7	3	5	3	7	7	あり
3	4	2	3	2	4	3	なし
4	2	1	1	1	3	2	なし
5	2	3	4	1	1	2	あり
6	4	4	2	6	4	4	あり
7	1	4	4	2	6	3	なし
8	2	3	4	1	1	1	なし
9	5	3	6	6	3	4	なし
10	4	3	4	5	3	6	あり
11	4	4	3	6	3	2	なし
12	3	4	1	2	4	3	なし
13	6	5	4	5	5	5	あり
14	5	5	2	4	4	4	あり
15	1	3	4	2	1	2	なし
16	3	7	4	4	5	5	あり
17	1	4	2	3	2	1	なし
18	4	1	3	7	4	4	なし
19	3	6	7	6	3	5	あり
20	3	1	3	1	3	1	なし

■ 順序尺度の扱い

　この例における問1から問6は順序尺度のデータである．したがって，カテゴリーデータとして扱って，手法の選択をするのが本来ならば正しい態度であるが，ここでは精密性に問題はあるものの，数量データとして扱うことにする．多変量解析の場合，この例のように複数の順序尺度があると，手法の適用が非常に煩雑になり，かつ，解析結果の読み取りも難しくなるからである．なお，3あるいは4段階のときは数量扱いは避けたほうがよいであろう．

■ 基本統計量

重回帰分析を適用する前に質問ごとの単純集計と平均値および標準偏差を求めておく.

単純集計表

	デザイン	機能性	操作性	携帯性	持続性	総合
1	3	3	2	4	3	3
2	3	1	3	4	1	4
3	4	6	5	3	6	3
4	5	5	7	2	5	4
5	2	3	1	2	2	3
6	1	1	1	4	2	2
7	2	1	1	1	1	1
合計	20	20	20	20	20	20

	デザイン	機能性	操作性	携帯性	持続性	総合
平均値	3.55	3.55	3.45	3.50	3.60	3.50
標準偏差	1.82	1.61	1.50	2.01	1.67	1.79

■ 相関行列と散布図行列

重回帰分析を適用する前に質問間の相関行列と散布図行列(**図 11.1**)を求めておく.

相関行列

	デザイン	機能性	操作性	携帯性	持続性	総合
デザイン	1					
機能性	0.161	1				
操作性	0.155	0.263	1			
携帯性	0.424	0.301	0.304	1		
持続性	0.631	0.283	0.013	0.204	1	
総合	0.750	0.412	0.381	0.496	0.705	1

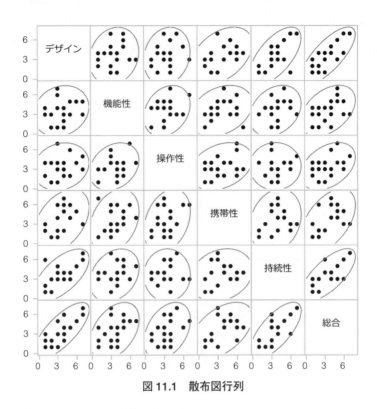

図11.1　散布図行列

■ 重回帰分析の結果

重回帰分析を適用した結果の着目点は次のとおりである.

- どのような回帰式が得られたか.
- 得られた回帰式は有意か.
- 寄与率(説明度)はどの程度か.
- 予測誤差はどの程度か.
- 問1から問5の説明変数は問6の目的変数を説明するのに有効か.
- 外れ値はないか.

次に重回帰分析の結果を示す.

【回帰式】

	係数	F 値	p 値
切片	−1.311	2.792	0.117
デザイン	0.379	4.672	0.048
機能性	0.149	0.912	0.356
操作性	0.284	3.112	0.100
携帯性	0.125	0.899	0.359
持続性	0.422	5.316	0.037

【回帰式の有意性】

分散分析表

	自由度	変動	分散	分散比	p 値
回帰	5	47.629	9.526	9.974	0.000
残差	14	13.371	0.955		
合計	19	61			

【回帰式の適合度】

寄与率 R^2	0.781
自由度調整済み寄与率 R^{*2}	0.703
残差標準偏差	0.977

回帰式の係数から次のような式が得られている.

$$総合満足度 = -1.311 + 0.379 \times デザイン + 0.149 \times 機能性$$
$$+ 0.284 \times 操作性 + 0.125 \times 携帯性 + 0.422 \times 持続性$$

分散分析表に示されている p 値は 0.000 となっており,0.05 より小さいので,回帰式は有意である(統計的に意味がある)と判断する.

　寄与率 R^2 の値は 0.781 となっており，デザイン，機能性，操作性，携帯性，持続性の 5 つの満足度で，総合満足度のばらつき原因の 78.1% を説明できているということを示している．R^2 は 0 〜 1 の範囲の値をとり，1 に近いほど説明力の高い式であることになる．ただし，R^2 は説明変数の数を増やしていくと（説明変数の数が回答者の数 n の値に近づいていくと），目的変数とは関係のない無意味な説明変数であっても，1 に近づいてしまうという性質があるので，実際には自由度調整済み寄与率 R^{*2} の値で判断する必要がある．この例では R^{*2} の値は 0.703 となっている．あくまでも目安だが，R^{*2} の値で 0.3 以上，できれば 0.5 以上ないと有益な回帰式が得られたとはいえないであろう．

　この回帰式を総合満足度の予測に使うとした場合に，どの程度の予測精度になるかを示しているのが残差標準偏差の値である．この例では 0.977 となっている．これは回帰式を使って総合満足度を予測した場合，±0.977 程度の誤差で予測することを示している．残差とは実測値（回答者が実際に答えた値）と予測値（回帰式で予測した値）の差のことである．

　外れ値の有無を検討することも重要である．そのためには回答者ごとの残差を検討するとよい．ただし，外れ値かどうかは残差そのものではく，その値を標準化（平均 0，標準偏差 1 にすること）した標準化残差の値を吟味する．目安として，この値が ±3 以内であれば，外れ値ではないと判断するとよいであろう．この例における残差の一覧表を次に示す．

【残差】

回答者	実測値	予測値	残差	標準化残差	回答者	実測値	予測値	残差	標準化残差
1	6	5.845	0.155	0.185	11	2	3.668	−1.668	−1.989
2	7	6.537	0.463	0.551	12	3	2.643	0.357	0.425
3	3	3.293	−0.293	−0.349	13	5	5.578	−0.578	−0.689
4	2	1.271	0.729	0.869	14	4	4.084	−0.084	−0.100
5	2	1.579	0.421	0.502	15	2	1.325	0.675	0.805
6	4	3.806	0.194	0.232	16	5	4.616	0.384	0.458
7	3	3.583	−0.583	−0.695	17	1	1.452	−0.452	−0.538
8	1	1.579	−0.579	−0.690	18	4	3.768	0.232	0.277
9	4	4.751	−0.751	−0.896	19	5	4.726	0.274	0.327
10	6	3.679	2.321	2.767	20	1	2.218	−1.218	−1.452

■ シミュレーション

回帰式の活用方法の一つとして，各質問に架空の数値を代入して，総合満足度の評価がどのような値になるかを見るというシミュレーションを実施することができる．たとえば，デザインが2，機能性が3，操作性が4，携帯性が3，持続性が5と評価する人は，総合満足度がいくつになるか回帰式に代入して求めるのである．結果は次のように計算される．

$$総合満足度 = -1.311 + 0.379 \times 2 + 0.149 \times 3 + 0.284 \times 4$$
$$+ 0.125 \times 3 + 0.422 \times 5 = 3.515$$

いくつかのパターンを実施した結果を次に示す．

パターン	デザイン	機能性	操作性	携帯性	持続性	総合
1	1	2	2	2	2	1.028
2	3	2	3	2	2	2.070
3	4	3	4	3	2	3.007
4	4	4	4	3	4	4.000
5	7	3	7	3	2	4.996
6	7	6	5	5	4	5.969
7	7	7	6	6	5	6.949
8	1	1	1	1	1	0.048
9	2	2	2	2	2	1.407
10	3	3	3	3	3	2.766
11	4	4	4	4	4	4.125
12	5	5	5	5	5	5.484
13	6	6	6	6	6	6.843
14	7	7	7	7	7	8.202

パターン8は0.048で，1より小さい値になっている．また，パターン14は8.202で7より大きい値となっている．これは説明変数に極端な数値を代入したときであるが，7段階であるから1から7に間の値を予測したいのに，このような値になるのは，順序尺度のデータを通常の数量データとして扱ったことにも原因がある．

■ 回帰係数の有意性

　問1から問5の説明変数は問6の目的変数を説明するのに有効かどうかを見ることは，総合満足度に影響を与える要因を探る上でも，また，精度の良い予測式を探る上でも重要である．このためには各質問の回帰係数の p 値を見る．回帰係数（正式には偏回帰係数と呼ばれる）とは回帰式における各質問に掛けられる係数のことである．この p 値が 0.05 以下であれば総合満足度に影響を与えている有効な変数であると判断することになる．この例ではデザインの p 値が 0.048，持続性が 0.037 となり，有意な質問項目と判断される．

■ ステップワイズ法による説明変数の選択

　回帰式を使って目的変数の値を予測しようとするとき，予測の役に立つ変数は回帰式に含まれていて，役に立たない変数は回帰式に含まれていないという状態にしたい．この要望を満たすための回帰式を構築する行為を説明変数の選択と呼んでいる．変数選択の具体的な方法の一つにステップワイズ法がある．ステップワイズ法は説明変数を回帰式に取り込んだり，あるいは，逆に除去したりを繰り返しながら，予測の役に立つ変数と役に立たない変数の選択を自動的にコンピュータで行うというものである．自動的にといっても，取り込むか除去するかの基準は解析担当者が決めることになる．一般的には p 値または F 値と呼ばれる統計量について基準を設けるという方法である．すぐに思いつく基準は次のようなものであろう．

$$p \text{ 値} \leqq 0.05 \text{ のとき取り込む} \qquad p \text{ 値} > 0.05 \text{ のとき除去する}$$

　しかし，この基準は取り込むための基準が厳しすぎて，有効な変数を見逃すリスクが高くなる．そこで，次のような基準が推奨されている．

$$p \text{ 値} \leqq 0.2 \text{ のとき取り込む} \qquad p \text{ 値} > 0.2 \text{ のとき除去する}$$

　この他に次のような F 値による基準も推奨されている．

$$F \text{ 値} \geqq 2 \text{ のとき取り込む} \qquad F \text{ 値} < 2 \text{ のとき除去する}$$

　（注1）　p 値と F 値では不等号の向きが逆になることに注意されたい．
　（注2）　F 値 < 1 のとき除去，$1 \sim 2$ のときはその都度判断という方法もある．

　先の例に F 値 = 2 を基準として，ステップワイズ法による変数選択を実行した結果は次のようになる．デザイン，操作性，持続性が選択されている．

ステップワイズ法による変数選択の結果

取り込み	説明変数	回帰係数	F 値	p 値
	切片	− 0.9359		
○	デザイン	0.4257	6.768	0.019
	機能性	0	1.482	0.242
○	操作性	0.3678	5.731	0.029
	携帯性	0	1.468	0.244
○	持続性	0.4599	6.788	0.019

■ 総当たり法による説明変数の選択

　説明変数のあらゆる組合せを考えて，重回帰分析を実施して，自由度調整済み寄与率あるいは AIC（赤池の情報量規準）にもとづいて最も良いモデルを探す方法を総当たり法という．次頁にその結果を示す．AIC が小さいほど適合度の良いモデルと言われているので，AIC の小さい順に並び替えてある．この結果から，デザイン，操作性，持続性の組合せが最も良いことがわかる．これはステップワイズ法の結果と一致している．ただし，常に一致するとは限らないので注意されたい．説明変数の数が 5 までならば総当たり法を推奨するが，6 以上になると検討する回帰式の数が多くなるので，ステップワイズ法のほうが現実的な方法であろう．

■ 説明変数の重要度

　各説明変数が目的変数に与える影響の大きさは p 値の小さい順（F 値の大きい順）と考えるとよい．ただし，この順番は取り上げている説明変数の組合せによって変わる可能性があるということに注意する必要がある．また，説明変数をすべて使ったときの寄与率は求めることができても，説明変数ごとの寄与率に分解することは通常はできないことにも注意されたい．それは説明変数同士の間でも相関関係が存在しているからである．

総当たり法の結果

モデル	説明変数	数	R^2 乗	AIC
1	デザイン，操作性，持続性	3	0.7437	66.1199
2	デザイン，機能性，操作性，持続性	4	0.7667	68.4117
3	デザイン，操作性，携帯性，持続性	4	0.7665	68.4280
4	デザイン，持続性	2	0.6519	68.6242
5	デザイン，機能性	2	0.6499	68.7365
6	デザイン，機能性，持続性	3	0.7050	68.9294
7	デザイン，携帯性，持続性	3	0.7023	69.1130
8	操作性，携帯性，持続性	3	0.7017	69.1524
9	操作性，持続性	2	0.6352	69.5566
10	デザイン，操作性	2	0.6349	69.5737
11	デザイン，機能性，操作性	3	0.6908	69.8702
12	デザイン	1	0.5631	69.9997
13	携帯性，持続性	2	0.6263	70.0388
14	デザイン，機能性，携帯性，持続性	4	0.7321	71.1809
15	デザイン，携帯性	2	0.6018	71.3124
16	デザイン，機能性，携帯性	3	0.6653	71.4549
17	デザイン，機能性，操作性，携帯性，持続性	5	0.7808	72.0381
18	デザイン，操作性，携帯性	3	0.6518	72.2465
19	機能性，操作性，持続性	3	0.6509	72.2965
20	機能性，携帯性，持続性	3	0.6439	72.6980
21	持続性	1	0.4968	72.8262
22	機能性，操作性，携帯性，持続性	4	0.7077	72.9255
23	デザイン，機能性，操作性，携帯性	4	0.6976	73.6037
24	機能性，持続性	2	0.5457	73.9476
25	携帯性	1	0.2461	80.9101
26	機能性，携帯性	2	0.3218	81.9618
27	操作性，携帯性	2	0.3044	82.4670
28	機能性	1	0.1695	82.8448
29	操作性	1	0.1451	83.4241
30	機能性，操作性	2	0.2495	83.9878
31	機能性，操作性，携帯性	3	0.3591	84.4499

■ 重回帰分析を活用するときの諸注意

① ダミー変数の導入

重回帰分析における目的変数は数量データでなければいけない．一方で，説明変数は数量データでもカテゴリーデータでも使うことができる．ただし，カテゴリーデータの場合はダミー変数と呼ばれる変数を導入する必要がある．ダミー変数とは数量では表現できないカテゴリーデータを 0 と 1 を使って，数値化した変数である．次にダミー変数の例を示す．

【例1】性別の場合

		ダミー変数
		X
男	→	1
女	→	0

【例2】血液型の場合

		ダミー変数		
		X1	X2	X3
A	→	1	0	0
B	→	0	1	0
O	→	0	0	1
AB	→	0	0	0

② 多重共線性の吟味

重回帰分析における説明変数同士は互いに無関係すなわち相関がないことが望ましい．説明変数同士の相関が強い状態を多重共線性と呼んでいる．多重共線性の存在は回帰分析に不可解な結果をもたらすので，専門分野の技術的，学術的解釈と矛盾するような回帰式のときは，多重共線性を疑うとよいだろう．

11.1.3　ロジスティック回帰分析

■ 例2

例1において問7の再購入の予定「あり／なし」を目的変数として，問1から問5の個別満足度を説明変数とした場合の解析を実施する．

■ ロジスティック回帰分析の概要

目的変数を再購入の予定「あり／なし」とした場合，目的変数が数量データではなく，カテゴリーデータになるので，重回帰分析の利用は不適切となり，ロジスティック回帰分析を適用することになる．

ロジスティック回帰分析は目的変数が次の2つの場合に利用できる回帰分析の手法である．

① 目的変数がカテゴリーデータの場合

② 目的変数が割合の場合

ロジスティック回帰分析では，割合 y と説明変数 x の間に，次のような関係を想定する．

$$\ln\left(\frac{y}{1-y}\right) = b_0 + b_1 x$$

y に対して，

$$\ln\left(\frac{y}{1-y}\right)$$

なる変換を施すことをロジット変換といい，$\mathrm{Logit}(y)$ とも表現する．また，$y/(1-y)$ をオッズと呼んでいる．

これから，y について式を変形すると，次のような回帰式が導かれる．

$$y = \frac{1}{1+e^{\{-(b_0+b_1x)\}}} = \frac{1}{1+\exp\{-(b_0+b_1x)\}}$$

■ グラフ

ロジスティック回帰分析を適用する前にグラフ化しておこう.

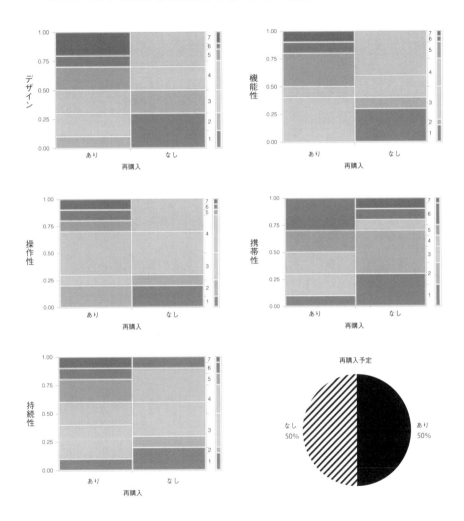

　モザイク図を見ると，どの質問項目も再購入「あり」のほうが「なし」よりも良い評価の割合が多くなっていることがわかる.

■ ロジスティック回帰分析の結果

説明変数	推定値	p 値	オッズ比
切片	−13.198		
デザイン	1.850	0.022	6.361
機能性	1.719	0.020	5.580
操作性	1.173	0.255	3.231
携帯性	−0.289	0.668	0.749
持続性	−0.541	0.484	0.582

$$\text{Logit}(y) = -13.198 + 1.850 \times デザイン + 1.719 \times 機能性$$
$$+ 1.173 \times 操作性 - 0.289 \times 携帯性 - 0.541 \times 持続性$$

という回帰式が得られている. 説明変数の中でデザインと機能性の p 値が 0.05 より小さく, 有意となっている.

オッズ比はロジスティック回帰分析を適用すると自動的に求められるものである. デザインのオッズ比が 6.361 となっている. これはデザインの評価が 1 段階上がると, 再購入ありのオッズが再購入なしのオッズの 6.361 倍になることを意味している. これはおおよそ確率が 6.361 倍上がると考えてよい.

■ 判別精度

ロジスティック回帰分析の式を利用すると, 各回答者が再購入する確率を計算することができる. この確率が 0.5 より大きければ, その回答者は再購入すると予測し, 0.5 より小さければ再購入しないと予測する. こうして各回答者が購入するかしないかを予測することができる. その精度は以下のような正誤表あるいは混同行列と呼ばれる表に整理することができる.

		予測	
		あり	なし
実際	あり	8	2
	なし	1	9

「あり」の 10 人中 8 人を
「なし」の 10 人中 9 人を
正しく判別している.

■ ロジスティック回帰分析の応用

　例1の問6は7段階評価の順序尺度であった．これを数量データとして扱って重回帰分析を適用して解析したが，順序尺度のまま解析する場合には，ロジスティック回帰分析を拡張した順序ロジスティック回帰分析（累積ロジスティック回帰分析）を適用することになる．

　また，7段階を次のように2段階（2値化）に変換して，通常のロジスティック回帰分析を適用するという方法も考えられるであろう．

　　①　評定1〜3を不満組，5〜7を満足組とする．（評定4は削除）
　　②　評定1〜4を不満組，5〜7を満足組とする．（評定4を不満）
　　③　評定1〜3を不満組，4〜7を満足組とする．（評定4を満足）
　　④　評定の上位組と下位組の人数がほぼ等しくなるように2群化する．

■ 決定木分析の適用例

　決定木分析は目的変数が数量のときにも，カテゴリーのときにも活用することができる．数量のときは回帰の木，カテゴリーのときは分類の木と呼ばれている．以下に再購入の予定「あり／なし」を目的変数として，決定木分析を適用した結果だけ紹介しておこう．

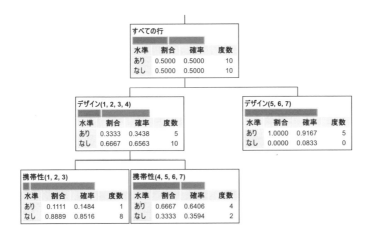

11.2　要約と分類のための多変量解析

11.2.1　主成分分析

■ 例3

　あるホテルDについて，宿泊客の満足度を次に示すような6項目（問1から問6まで）について，7段階の評定尺度でアンケート調査した．

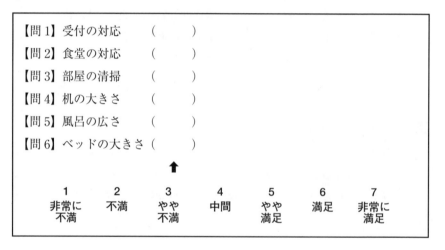

　問1から問6の各回答結果を統合して，新たに総合満足度を示すような指標をつくりたい．また，宿泊客をグループ分けしたいという目的で解析をしたい．そこで，主成分分析を適用する．データを次頁に示す．

　このデータは6つの変数（質問）がある．これらを別々に吟味するのではなく，統合した新しい変数を作成して，その変数を吟味するほうが効率がよく，結論をまとめるにも便利である．主成分分析を実施すると，主成分と呼ばれる新しい変数が作り出される．数学的には6つの変数があるときには，主成分も6つつくられるが，6つの主成分をすべて吟味するのでは統合する意味はない．データ全体の変動をよく反映している主成分を1つか2つ取り上げて，それらを吟味するという手順で進める．反映の度合が大きい順に主成分1，主成分2，

…と呼んでいる．仮に2つの主成分を取り上げたとすれば，元々6つの変数を吟味しなければならないデータを，2つの変数を吟味すればよくなったということである．このとき，6次元データを2次元に縮約したというような言い方をされる．

データ表

回答者	フロント	食堂	清掃	部屋	風呂	ベッド
1	1	1	2	3	1	1
2	4	4	2	4	6	7
3	5	5	6	6	5	5
4	6	5	7	5	3	3
5	7	7	6	5	7	6
6	5	7	5	3	2	2
7	3	2	1	1	3	1
8	7	6	4	3	4	6
9	6	7	5	6	7	7
10	4	4	3	5	6	6
11	1	1	4	4	1	2
12	2	3	3	6	6	5
13	3	4	2	4	5	7
14	5	6	6	5	5	5
15	6	6	6	4	4	4
16	6	5	5	2	4	3
17	6	7	7	7	5	7
18	4	2	3	5	7	6
19	7	6	5	4	7	5
20	7	6	7	7	6	6

■ 主成分分析の結果

【主成分負荷プロット】

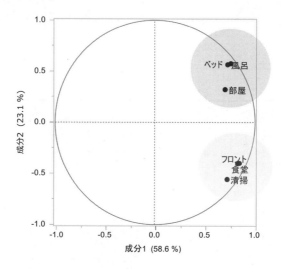

このグラフは相関の強い質問同士は近くに位置するようになっている.

【固有値】

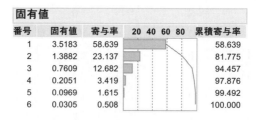

固有値						
番号	固有値	寄与率	20 40 60 80			累積寄与率
1	3.5183	58.639				58.639
2	1.3882	23.137				81.775
3	0.7609	12.682				94.457
4	0.2051	3.419				97.876
5	0.0969	1.615				99.492
6	0.0305	0.508				100.000

　固有値とは主成分のばらつきの大きさを示す数値で, 寄与率とは各主成分が元のデータのばらつきの何 % を反映しているかを示している. この例では主成分 2 までで, 全体のばらつきの 81.775% が反映されていると見る. 吟味すべき主成分の数は固有値と累積寄与率の値を参考に決めることになる.

一般的な目安として使われる基準は次のとおりである.

①　固有値で1以上の主成分は取り上げる.

②　累積寄与率で 50 ～ 70% 以上になるまで取り上げる.

この例では主成分2まで取り上げることにすれば,上記の基準①と②の両方とも満たすことになる.

固有ベクトル

	主成分1	主成分2
フロント	0.44140	−0.34201
食堂	0.44991	−0.33910
清掃	0.38587	−0.47318
部屋	0.37430	0.27372
風呂	0.38779	0.47993
ベッド	0.40419	0.48875

固有ベクトルの値は主成分の式が次のようになっていることを示している.

主成分 1 = 0.44140× フロント + 0.44991× 食堂 + 0.38587× 清掃
　　　　＋ 0.37430× 部屋 + 0.38779× 風呂 + 0.40419× ベッド

主成分 2 = − 0.34201× フロント − 0.33910× 食堂 − 0.47318× 清掃
　　　　＋ 0.27372× 部屋 + 0.47993× 風呂 + 0.48875× ベッド

ここで,各主成分の意味づけを行う.

主成分1はすべての項目の係数がプラスになっている.どの項目の点数も大きくなればなるほど,主成分1の値は大きくなるので,主成分1は総合的な満足度を示していると考えられる.

主成分2はフロント,食堂,清掃の係数がマイナス,部屋,風呂,ベッドの係数はプラスになっている.人が行うサービスの満足度が大きくなるほど主成分2の値は小さくなり,元々備わっている設備の満足度が大きくなるほど主成分2の値は大きくなるので,スタッフ重視か設備重視かを示す指標であると考えられる.

【主成分負荷プロット(回答者の布置図)】

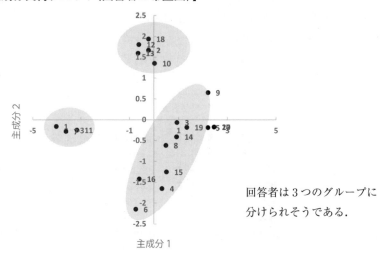

回答者は3つのグループに
分けられそうである.

■ 因子分析と主成分分析

　主成分分析が適用できるデータは因子分析でも解析することができる.主成分分析は複数の変数を統合するのが目的であるのに対して,因子分析は複数の変数に共通する原因(因子)を探すことを目的としている.

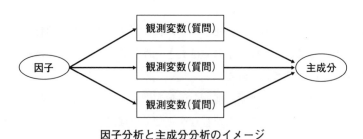

因子分析と主成分分析のイメージ

■ 順位データの主成分分析

次に示すような順位データの解析にも主成分分析は有効である.

回答者	カレー	かつ丼	親子丼	天丼	そば	うどん	ラーメン	パスタ
1	1	3	4	6	5	7	8	2
2	5	6	2	3	1	4	8	7
3	2	4	3	1	8	5	7	6
⋮	⋮	⋮	⋮	⋮	⋮	⋮	⋮	⋮

このデータを主成分分析で解析するときには，行と列を転置して，回答者が列(変数)になるようにしておく.

回答者	1	2	3	…	…	…	…	…
カレー	1	5	2	…	…	…	…	…
かつ丼	3	6	4	…	…	…	…	…
親子丼	4	2	3	…	…	…	…	…
天丼	6	3	1	…	…	…	…	…
そば	5	1	8	…	…	…	…	…
うどん	7	4	5	…	…	…	…	…
ラーメン	8	8	7	…	…	…	…	…
パスタ	2	7	6	…	…	…	…	…

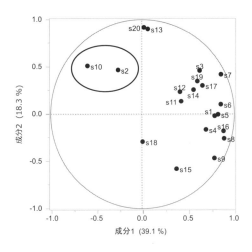

主成分負荷プロットには相関の強い回答者同士が近くに配置される.

この場合は，順位付けが似たもの同士が近くに配置されることになる.

2番と10番の回答者が他の18名とは異質な順位付けをしている.

11.2.2 クラスター分析

■ クラスター分析の種類

クラスター分析には次の2種類がある.

① 階層型クラスター分析

② k-means クラスター分析(k-平均クラスター分析)

事前にいくつのグループ(k個のグループ)に分けるか決まっているときには②のk-means クラスター分析を用いる.一方,解析結果を見ながらグループ数を決めるときには①の階層型クラスター分析を用いる.

クラスター分析にはサンプル(回答者)を分類する場合と変数(質問)を分類する場合がある.

■ クラスター分析の適用

例3のデータを階層型クラスター分析で解析してみる.次に示すような樹形図(デンドログラム)が得られる.

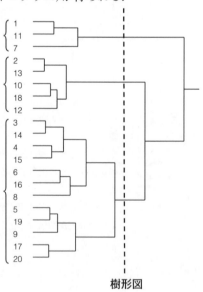

3つのグループに分けられそうである.

樹形図

11.2.3 対応分析

■ 対応分析に適したデータ

対応分析（コレスポンデンス分析）は次の3種類の形式のデータ表に適用することができる.

① 分割表（クロス集計した結果の集計表）

② 01型データ表（複数回答のデータ表）

③ アイテム・カテゴリー型データ表（通常のデータ表の形式）

主成分分析はデータが数量であるときの手法であるのに対して，対応分析はカテゴリーであるときの手法であると位置づけることができる.

■ 分割表に対する対応分析

次のような4×3分割表が得られたとしよう.

	商品A	商品B	商品C
小学生	30	13	7
中学生	6	24	6
高校生	10	45	15
大学生	12	11	10

小学生，中学生，高校生，大学生に3つの商品A，B，Cのどれが最も好きかの回答結果を集計したものである. 数値は人数である. なお，分割表は次のような原データを集計したものであり，集計前の原データに対しても対応分析を適用することができる.

原データ表

回答者	グループ	好きな商品
1	小学生	A
2	大学生	B
⋮	⋮	⋮

　分割表に対応分析を適用すると次のような行要素と列要素を表示した布置図を得ることができる.

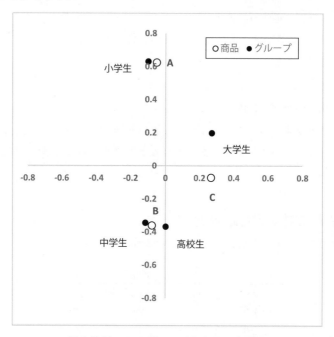

対応分析によるグループと商品の布置図

　Aの近くに小学生が位置している. このことから, 小学生は商品Aを好んでいる(あるいは商品Aは小学生に好まれている)ことが示されている.

　Bの近くに中学生と高校生が位置している. このことから, 中学生と高校生は商品Bを好んでいる(商品Bは中学生や高校生に好まれている)ことが示されている.

　対応分析では特徴のはっきりしないものは原点(0, 0)の近くに配置されるという特徴がある. 元になっている分割表を見ると, 大学生は商品A, B, Cのどれが好きなのかはっきりしない. このようなものは原点の近くに配置されることになる.

■ 01 型データ表に対する対応分析

複数回答のデータ表は次のような形式になる.

回答者	カレー	かつ丼	親子丼	天丼	そば	うどん	ラーメン	パスタ	洋定食	和定食
1	1	0	0	0	1	1	0	1	0	0
2	1	0	0	0	0	0	1	0	1	0
⋮	⋮	⋮	⋮	⋮	⋮	⋮	⋮	⋮	⋮	⋮

このようなデータ表に対しても対応分析を適用することができる. 適用結果を次に示す.

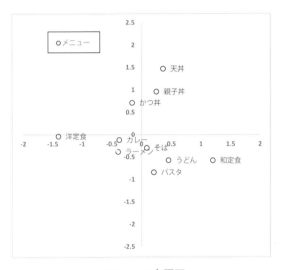

メニューの布置図

同時に選ばれているメニュー同士は近くに配置される.

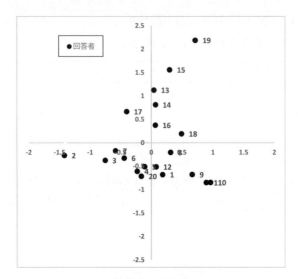

回答者の布置図

メニューの選び方が似ている回答者同士は近くに配置される．

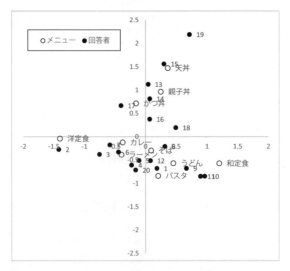

メニューと回答者の同時布置図

■ 多重対応分析

対応分析は分割表や 01 型データ表のほかに, アンケート調査の最も一般的な形になるアイテム・カテゴリー型データ表にも適用することができる. ただし, この場合には多重対応分析と呼ばれる対応分析を拡張した手法を適用する.

いま, 次のような 4 つの質問を小学生 20 人にしたとしよう.

【問 1】趣味(スポーツ, 読書, 音楽, ゲーム)

【問 2】好きな科目(国語, 算数, 理科, 社会)

【問 3】好きな給食のメニュー(ハンバーグ, カレー, パスタ, ラーメン)

【問 4】性別

この回答結果を整理したのが次頁のデータ表である.

アンケート調査の世界では, 質問をアイテム, 選択肢をカテゴリーと呼ぶため, このようなデータ表はアイテム・カテゴリー型データ表と呼ばれる.

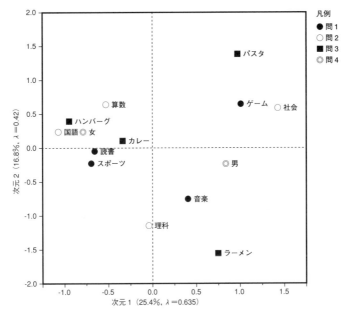

多重対応分析の結果

データ表

回答者	問1	問2	問3	問4
1	音楽	算数	カレー	女
2	ゲーム	理科	ハンバーグ	女
3	スポーツ	理科	カレー	女
4	音楽	社会	カレー	男
5	ゲーム	社会	パスタ	男
6	スポーツ	国語	カレー	男
7	音楽	理科	ラーメン	男
8	スポーツ	国語	カレー	女
9	読書	算数	パスタ	女
10	読書	理科	カレー	女
11	スポーツ	算数	カレー	女
12	スポーツ	理科	ラーメン	男
13	ゲーム	社会	パスタ	男
14	ゲーム	社会	カレー	男
15	読書	国語	カレー	女
16	ゲーム	算数	カレー	男
17	スポーツ	算数	ハンバーグ	女
18	読書	理科	ラーメン	男
19	ゲーム	社会	ラーメン	男
20	読書	国語	ハンバーグ	女

　多重対応分析の対象となるのはカテゴリーデータであるが，数量データであっても，たとえば，体重のような場合，60kg 以上か未満かというように分ければ，カテゴリーデータとして扱うことができるので，数量データとカテゴリーデータを混在させた解析も可能である．

第12章
自由回答文の要約と解析

　この章では，文章で得られた回答結果を整理したり，分析する方法を紹介する．特にテキストマイニングと呼ばれる手法は，大量の文章から頻発する単語を抽出するのに優れた手法であり，多くの分野で活用されている．

12.1　自由回答文の要約

■ 自由回答文とテキストデータ

　アンケート調査の最後の質問や途中にある質問の補助的質問として，選択肢を設けずに，感想や意見などの文章を書いてもらう質問を設けることがある．

　「何かご意見・感想などがございましたらお書きください.」

　「商品Aを選んだ理由をお書きください.」

といったような質問である．このような質問からは回答が文章として得られることになる．文章のデータはテキストデータと呼ばれている．文章で得られているデータは丁寧に読んで，回答者が何を言おうとしているかを正確に把握することが最も重要である．一方で，1,000人の自由回答文を読むというのは大変な労力を要する作業であり，また，その結果を「まとめる」というのは，さらに労力を要することになる．文章で得られたデータを効率的・効果的に分析するために使われる2つの手法を紹介しよう．

■ KJ法と親和図法

　KJ法は川喜田二郎氏が考案した発想法のための手法である．この方法は異質なデータ（文章）を組み合わせて，新たな発想を得ようという目的で使われる．文章を「まとめる」というのを目的としているわけではない．ただし，この方法は文章をまとめる，要約するというときにも大変に役立つ手法である．品質管理（QC）の分野では「親和図法」という名称で紹介され，数多くの使用例がある．

■ カード化

　親和図法は大きく捉えると，次のような進め方になる．

カード化　➡　図解化　➡　文章化

　カード化とは自由回答文を個々のカードに記述することである．カードがつくられたならば，次に図解化することになる．

■ 図解化

　個々のカードを見て，A というカードと B というカードは似たことが書いてあると感じたら近くのところに寄せていく．すなわち，グループ化していく．いくつかのグループができたならば，各グループにタイトル（見出し）を付ける．タイトルは共通点に着目して付けることになる．

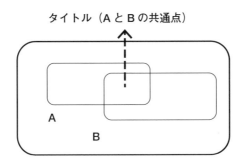

タイトル（A と B の共通点）

　このタイトル付けは論理的に行う必要はなく，情念的に，すなわち感じたままに付ければよい．今度は各グループに付けられたタイトルに着目して，このタイトル同士は似ていると感じたならば，そのグループを寄せて統合する．統合したグループには，再び新たなタイトルを付ける．こうした作業を繰り返して，グループの数がある程度小さくなったところで止めるのである．この一連の作業でできあがるカードの配置と見出しが図解である．

■ 文章化

　最終的にできあがった図解を今度は文章として表現するのが文章化である．このときには論理的に行うことになる．

　以上のような手順を通じて，文章をまとめていくのが親和図法の進め方である．ただし，親和図法はあくまでも発想法の道具であり，文章をまとめるために使うのはあくまでも応用動作である．

ここで，親和図の例を提示しよう（**図 12.1**）．

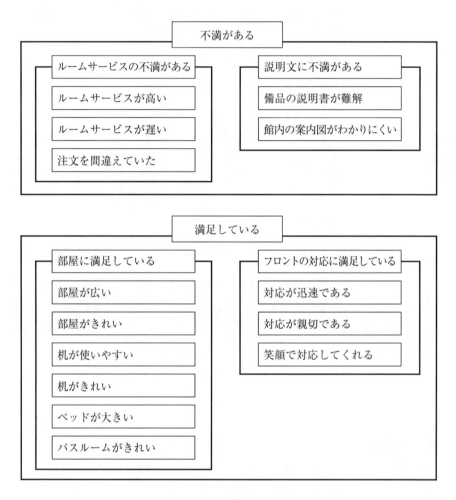

図 12.1　親和図のイメージ

12.2　テキストマイニング

■ テキストマイニング

　文章を単語に分けて集計して，どのような単語が何回出てくるか，あるいは，同時に使われる単語はどの単語の組合せかといったことをコンピュータで行う方法をテキストマイニングと呼んでいる.

　テキストマイニングの中では次に示す多変量解析の手法が併用される.

- 主成分分析
- コレスポンデンス分析
- クラスター分析
- 多次元尺度構成法

これらの手法は同時に使われている単語の組合せを視覚化することを目的として適用される.

　テキストマイニングは，アンケート調査における自由回答文のほかに，インタビューの記録，コールセンターなどに寄せられる顧客のクレームや意見に関する記録，ネットにおける口コミ，営業活動の訪問記録，工場におけるヒヤリハットの記録などにも適用されている.

■ 例

　遊園地におけるアンケート調査の例でテキストマイニングの概要を摑んでいただきたい. アンケート調査の最後に次のような文章で回答してもらう質問を入れたとしよう.

　ご自由にご意見や感想をお聞かせください.

この自由回答文で得られた 24 人分の原データを以下に列挙する.

回答者：意見・感想

1)	A：乗り物は楽しい.従業員の人も親切でした.
2)	B：楽しい.
3)	C：ベンチが汚かったので,食事をする気がしなかった.
4)	D：食事が高いわりには,まずかった.
5)	E：乗り物は楽しい.でも,高い.従業員も親切だった.
6)	F：食事が高い.ベンチまで遠いし,汚れていた.
7)	G：食事がまずい.
8)	H：食事が高い.クーポン券のようなものがあるといい.
9)	I：従業員は親切.乗り物は楽しい.食事がまずい.駅から遠い.
10)	J：食事はまずいし,高い.しかも,従業員は不親切だった.
11)	K：食事が高かった.駅から遠い.
12)	L：ベンチが汚い.でも,乗り物は楽しかったし,従業員も親切.
13)	M：食事はまずいし,高いし,不親切.
14)	N：食事が高い.でも,従業員は親切だった.
15)	O：食事がまずかった.
16)	P：駅から遠い.
17)	Q：遠い.ベンチが汚い.まずい.
18)	R：乗り物は楽しかったし,従業員も親切でした.
19)	S：食事と乗り物が高いね.まあ,従業員は親切だったけど.
20)	T：遠い.乗り物は楽しかった.親切だった.
21)	U：乗り物が高いけど,楽しかった.
22)	V：ベンチまで遠い.駅からも遠い.
23)	W：駅から遠いね.従業員は親切だったけど.
24)	X：食事がまずい.ベンチが汚い.

　以上の意見を読むと，「乗り物は楽しい」，「食事は高い」，「食事はまずい」，「従業員は親切」，「駅から遠い」といったことが印象に残るであろう．

■ 単語の集計

　どのような言葉が何回出てくるかを集計する．このとき，一人が何回使おうが1回とする場合と，一人が使った回数もそのまま含めて数える場合とがある．ここでは何回使っても同一人物であれば1回と数えることにする．次のような集計表が得られる．

単語	出現回数
食事	13
高い	10
従業員	9
親切	9
楽しい	8
乗り物	8
まずい	8
遠い	8
ベンチ	6
駅	5
汚い	5
不親切	2
クーポン券	1

　「食事」や「乗り物」という言葉がよく出てくることがわかる．なお，このような集計結果は棒グラフなどで視覚化するとよい．

■ 二値化

　各回答者がどんな単語を書いているかを 01 データ表で整理する．ある単語を書いていれば 1，書いてなければ 0 と表現するのである．このようなデータ表は多変量解析を実施する上で必要となる．

01 データ表

番号	回答者	楽しい	乗り物	従業員	親切	不親切	高い	食事	まずい	駅	遠い	ベンチ	汚い	クーポン券
1	A	1	1	1	1	0	0	0	0	0	0	0	0	0
2	B	1	0	0	0	0	0	0	0	0	0	0	0	0
3	C	0	0	0	0	0	0	1	0	0	0	1	1	0
4	D	0	0	0	0	0	1	1	1	0	0	0	0	0
5	E	1	1	1	1	0	1	0	0	0	0	0	0	0
6	F	0	0	0	0	0	1	1	0	0	1	1	1	0
7	G	0	0	0	0	0	0	1	1	0	0	0	0	0
8	H	0	0	0	0	0	1	1	0	0	0	0	0	1
9	I	1	1	1	1	0	0	1	1	1	0	0	0	0
10	J	0	0	1	0	1	1	1	1	0	0	0	0	0
11	K	0	0	0	0	0	1	1	0	1	1	0	0	0
12	L	1	1	1	1	0	0	0	0	0	0	1	1	0
13	M	0	0	0	0	1	1	1	0	0	0	0	0	0
14	N	0	0	1	1	0	1	1	0	0	0	0	0	0
15	O	0	0	0	0	0	0	1	1	0	0	0	0	0
16	P	0	0	0	0	0	0	0	0	1	1	0	0	0
17	Q	0	0	0	0	0	0	0	1	0	1	1	1	0
18	R	1	1	1	1	0	1	1	0	0	0	0	0	0
19	S	0	1	1	1	0	1	1	0	0	0	0	0	0
20	T	1	1	0	1	0	0	0	0	0	1	0	0	0
21	U	1	1	0	0	0	1	0	0	0	0	0	0	0
22	V	0	0	0	0	0	0	0	0	1	1	1	0	0
23	W	0	0	1	1	0	0	0	0	1	1	0	0	0
24	X	0	0	0	0	0	0	1	1	0	0	1	1	0

■ クロス集計表と類似度

行と列に同じ単語を配置したクロス集計表を作成することで，どの単語の組合せが多いかを把握することができる．表中の数値は使われた回数である．

クロス集計表

	楽しい	乗り物	従業員	親切	不親切	高い	食事	まずい	駅	遠い	ベンチ	汚い	クーポン券
楽しい	8	7	5	6	0	2	1	1	1	2	1	1	0
乗り物	7	8	6	7	0	3	2	1	1	2	1	1	0
従業員	5	6	9	8	1	4	4	2	2	2	1	1	0
親切	6	7	8	9	0	3	3	1	2	3	1	1	0
不親切	0	0	1	0	2	2	2	2	0	0	0	0	0
高い	2	3	4	3	2	10	8	3	1	2	1	1	1
食事	1	2	4	3	2	8	13	7	2	3	3	3	1
まずい	1	1	2	1	2	3	7	8	1	2	2	2	0
駅	1	1	2	2	0	1	2	1	5	5	1	0	0
遠い	2	2	2	3	0	2	3	2	5	8	3	2	0
ベンチ	1	1	1	1	0	1	3	2	1	3	6	5	0
汚い	1	1	1	1	0	1	3	2	0	2	5	5	0
クーポン券	0	0	0	0	0	1	1	0	0	0	0	0	1

このようなデータ表は類似度行列あるいは親近性行列と呼ばれていて，数値が大きいほど，類似度が大きいことを示している．類似度が大きいというのは，この例でいえば，同時に使われているということになる．

類似度行列は多次元尺度構成法あるいは数量化理論IV類と呼ばれる手法で解析するのが定石である．

ところで，類似度の定義もいろいろな考え方があり，さまざまな計算方法が提案されている．「楽しい」と「従業員」を例に紹介しよう．いま，「楽しい」と「従業員」のクロス集計表を考える．

		従業員	
		1	0
楽しい	1	5	3
	0	4	12

　このクロス集計表は「楽しい」と「従業員」を同時に使っている回答者が5人いることを意味している．この表の数値を一般的に次のように表現しよう．

		従業員	
		1	0
楽しい	1	a	b
	0	c	d

　この表から2つの単語の類似度を計算する方法がいくつも提案されているが，特に使用頻度の高いものを以下に示す．

- 単純一致係数　$(a + d)/(a + b + c + d)$
- Jaccard 係数　　a　$/(a + b + c)$
- Dice 係数　　$2a$　$/(2a + b + c)$
- Simpson 係数　　a　$/(a + b$ と $a + c$ の小さいほう$)$

■ 主成分分析とコレスポンデンス分析

　二値化のところで示した01データ表は多変量解析の手法で解析することができる．その中でもよく使われるのが主成分分析とコレスポンデンス分析である．どちらの手法も単語の布置図と回答者の布置図を作成することができ，単語の布置図(**図12.2**, **図12.3**)からは，どの単語とどの単語が同時に使われているかを視覚的に捉えることができ，回答者の布置図からは，誰と誰が同じ言葉を使っているかを把握することができる．

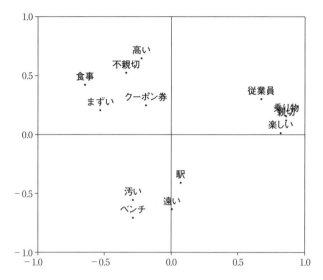

図 12.2　主成分分析による単語の布置図

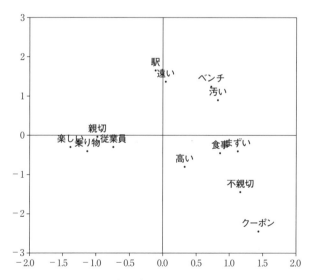

図 12.3　コレスポンデンス分析による単語の布置図

どちらのグラフからも，（食事，まずい，高い），（乗り物，楽しい，従業員，親切），（駅，遠い），（ベンチ，汚い）という組合せができていることがわかる．

なお，主成分分析の結果とコレスポンデンス分析の結果は常に一致するわけではない．コレスポンデンス分析では，原点から遠くに位置する単語は少数派（書いている人が少ない）で，原点の近くに位置する単語は多数派（書いている人が多い）という特徴がある．

回答者の布置図は**図 12.4** のようになっている．

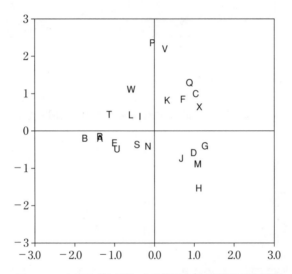

図 12.4 コレスポンデンス分析による回答者の布置図

同じような単語を使っている人は近くに位置するように配置される．

参 考 文 献

[1]　内田治・醍醐朝美(1992)：『成功するアンケート調査入門』，日本経済新聞社
[2]　内田治・醍醐朝美(2001)：『実践 アンケート調査入門』，日本経済新聞社
[3]　内田治(2000)：『すぐわかる EXCEL による統計解析(第 2 版)』，東京図書
[4]　内田治(2000)：『すぐわかる EXCEL による多変量解析(第 2 版)』，東京図書
[5]　内田治(2019)：『すぐわかる SPSS によるアンケートの調査・集計・解析(第 7 版)』，東京図書
[6]　川畑篤輝(1998)：『マーケティング・リサーチの実務』，日刊工業新聞社
[7]　飽戸弘(1987)：『社会調査ハンドブック』，日本経済新聞社
[8]　原純輔・海野道郎(1984)：『社会調査演習』，東京大学出版会
[9]　辻新六・有馬昌宏(1987)：『アンケート調査の方法』，朝倉書店
[10]　広津千尋(1992)：『臨床試験データの統計解析』，廣川書店
[11]　丹後俊朗(1986)：『臨床検査への統計学』，朝倉書店
[12]　博報堂マーケティング創造集団(編)(1983)：『テクノ・マーケティング』，日本能率協会
[13]　内田治(2002)：『すぐわかる EXCEL によるアンケートの調査・集計・解析(第 2 版)』，東京図書
[14]　内田治(2009)：『すぐに使える EXCEL によるアンケートの集計と解析』，東京図書
[15]　豊田秀樹(1998)：『調査法講義』，朝倉書店
[16]　石井京子・多尾清子(2002)：『ナースのための質問紙調査とデータ分析(第 2 版)』，医学書院
[17]　Roger Tourangeau, Frederick Conrad and Mick Couper(著)，大隅昇・鳰真紀子・井田潤治・小野裕亮(訳)(2019)：『ウェブ調査の科学—調査計画から分析まで』，朝倉書店
[18]　福井武弘(2013)：『標本調査の理論と実際』，日本統計協会
[19]　三春充希(2019)：『武器としての世論調査』，筑摩書房
[20]　盛山和夫(2004)：『社会調査法入門』，有斐閣
[21]　土屋隆裕(2009)：『概説 標本調査法』，朝倉書店
[22]　吉村治正(2017)：『社会調査における非標本誤差』，東信堂

［23］ 鄭躍軍・金明哲(2011)：『社会調査データ解析(R で学ぶデータサイエンス 17)』，共立出版

［24］ 天野徹(2008)：『部分を調べて全体を知る─社会統計入門』，学文社

［25］ 原純輔・浅川達人(2009)：『社会調査』(放送大学教材 6045)，放送大学教育振興会

［26］ 田中愛治(監修)，日野愛郎(編)(2013)：『世論調査の新しい地平─CASI 方式世論調査』，勁草書房

［27］ 森岡清志(2007)：『ガイドブック社会調査(第 2 版)』，日本評論社

［28］ Garmt B. Dijksterhuis (1997): *Multivariate Data Analysis in Sensory and Consumer Science*, Food & Nutrition Press.

［29］ Per Lea, Tormod Naes and Marit Rodbotte (1997): *Analysis of Variance for Sensory Data*, John Wiley & Sons.

［30］ Beverly J. Dretzke, Kenneth A. Heilman (1998): *Statistics With Microsoft Excel*, Prentice-Hall.

［31］ Mildred L. Patten (1998): *Questionnaire Research A Practical Guide*, Pyrczak Publishing.

［32］ Derek R. Allen and T. R. Rao (1998): *Analysis of Customer Satisfaction Data*, ASQ Quality Press.

［33］ Thomas J. J. Quirk (2016): *Excel 2016 for Health Services Management Statistics: A Guide to Solving Problems (Excel for Statistics)*, Springer.

索　引

著者紹介

内田　治（うちだ　おさむ）

東京情報大学，日本女子大学大学院非常勤講師

【専門分野】

統計解析，多変量解析，実験計画法，品質管理，データマイニング，アンケート調査，官能評価

【著書】

『例解データマイニング入門』(日本経済新聞社，2002)
『グラフ活用の技術』(PHP 研究所，2005)
『すぐわかる EXCEL による品質管理 ［第 2 版］』(東京図書，2004)
『数量化理論とテキストマイニング』(日科技連出版社，2010)
『相関分析の基本と活用』(日科技連出版社，2011)
『主成分分析の基本と活用』(日科技連出版社，2013)
『ビジュアル品質管理の基本 ［第 5 版］』(日本経済新聞社，2016)
『改善に役立つ Excel による QC 手法の実践 Excel 2019 対応』(日科技連出版社，2019)
『QC 検定 3 級　品質管理の手法 30 ポイント』(日科技連出版社，2010)
『【新レベル表対応版】QC 検定 2 級　品質管理の手法 50 ポイント』(日科技連出版社，2021)
『【新レベル表対応版】QC 検定 1 級　品質管理の手法 70 ポイント』(日科技連出版社，2019)
他

アンケート調査の計画と解析

2022 年 2 月 22 日　第 1 刷発行
2023 年 7 月 12 日　第 3 刷発行

著　者　内　田　　　治
発行人　戸　羽　節　文

発行所　株式会社 日科技連出版社

〒 151-0051　東京都渋谷区千駄ヶ谷 5-15-5
DS ビル

電　話　出　版　03-5379-1244
営　業　03-5379-1238

検　印
省　略

Printed in Japan

印刷・製本　河北印刷株式会社

© Osamu Uchida 2022　　　　　ISBN978-4-8171-9751-1
URL https://www.juse-p.co.jp/